優しく 温かく
そして強く

生き方の極意

㈱タニサケ 創業者・会長
松岡 浩 著

新刊書刊行にあたり　―推薦の言葉―

二十五年以上のお付き合いをいただいている株式会社タニサケの松岡　浩会長がこのたび新刊書を出版されました。

この本ができる前に、このお話を聞き、それは素晴らしいと思っていたところ、ぜひ、この私にも助力をとのことでした。

松岡会長によれば、出版社側から「鍵山秀三郎&松岡　浩」の対談をぜひ収録したいとのことでした。私は二つ返事で承諾しました。

思い起こせば、私と松岡さん（当時社長）との出会いは平成四年のことでした。松岡さんから百通、私から五十通の青春の恋文（笑）を交換したおよそ半年後に、都内にある株式会社イエローハット本社で初めてお会いしました。

その時の印象は今でも心に残っています。

とにかく松岡さんには、人にありがちな胡散臭《うさんくさ》さがまるでなかったし、誠実な人柄だと直感しました。

初対面ながら、まるで〝十年の知己《ちき》〟であるかのように話が弾《はず》んだのが、その後のご縁の始まりでした。

二人して全国行脚《あんぎゃ》をし、その地で活躍されている人物にお会いしました。そこで得たさらなるご縁は、私の「掃除に学ぶ会」の活動とその発展の大きな力となったのです。それから今にいたるまで、松岡さんの足跡には感嘆するものがあります。

松岡さんの著書『一流の日本人をめざして』（タニサケ・英語版）の巻頭文でも述べさせていただきましたが、〈日本一の知恵工場〉とも呼ばれるタニサケという会社の規範、そこで働く人たちの叡智《えいち》と行動は、人としてあるべき姿を映《うつ》し出しています。

ごく平凡な社員が、平凡な仕事をして、素晴らしい成果を生み出す会社、これがタニサケです。この「仕組み」を作られた松岡会長こそ「非凡《ひぼん》の人」といえます。

この松岡さんは、「動《どう》」の人であり、「情《じょう》」の人でもあります。しかも、「動」と「情」とが、見事に融和されています。

それは、松岡さんが主宰する、経営と人生を学ぶ「タニサケ塾」をみれば、一目《いちもく》瞭然《りょうぜん》といえます。

「タニサケ塾は、平成二十八年六月に二百四十回めの開催を無事終了しました」という知らせを松岡さんからいただきました。

「二十五年前にお会いした、あの松岡さんがここまで……」という感慨で胸を熱くしました。

本書には、松岡さんがこの間、胸に秘めていた多くの想いがこめられています。

とりわけ、「たった一度の人生」だから、人間はどう生きるべきかが語られています。

必ずや多くの方に共感していただけるのではないかと思います。

私も対談という機会をいただき、あらためて松岡さんに感謝するしだいです。

本書が、「志《こころざし》」ある人びとの松明《たいまつ》となると同時に、社会の改革の光明《こうみょう》とならんことを切に願っています。

二〇一七年一月

鍵山秀三郎《かぎやまひでさぶろう》

まえがき

「亀は兎《うさぎ》になれない　しかしそのつもりになって　努力すれば　日本一の亀になれる　君は　君を立派にする　世界でただ一人の　責任者なんだね」

これは、私の「人生」の座右の銘ともいえる、東井義雄《とういよしお》先生のお言葉です。

私は田舎の町で食料品店（後にスーパー）を経営する家庭の、五男一女の末っ子として、この世に生を受けました。県立大垣商業高等学校を卒業して、イビデン㈱に入社し、約十年間、穏《おだ》やかな、よき先輩に恵まれて前向きな生き方を、そして経営の基礎となる「経理」と「営業」を学びました。イビデン㈱大阪支店で二年間の営業を担当、その時の得意先であった老舗の伊奈岡材木店の伊奈岡芳次社長より教えられた、いかなる苦難にも耐える精神力を持つ「大阪商人のど根性」は、私の一貫した信念となりました。

二十八歳の時、兄から家業であるスーパー形式の店を引き継ぎ、十三年間経営しました。やむなく廃業したのは近くに大型量販店が進出して売り上げがガタ落ちしたからです。この十三年間は、池田町商工会や大垣食品商業協同組合の役員をして「奉仕の精神」を学びました。もちろん、仕事も遊びも情熱的で、寝る時間が極端に少なく、この間の行動が現在の「よく働く、仕事大好き人間」を作ってくれたようです。四十一歳の時、町の発明家、谷酒茂雄《たにさけしげお》氏と設立したのが㈱タニサケです。ゴキブリ殺虫剤「ゴキブリキャップ」の製造・販売を開始しました。

無名のタニサケを全国にPRすべく、話題を提供して、テレビや新聞などの数多くのマスコミの取材を受け、「ゴキブリキャップ」を消費者に知っていただくことができました。「マスコミに育《はぐく》まれたゴキブリキャップ」という冊子を作成したのはこの頃で、私は社内でただ一人のセールスマンとして東京、愛知、大阪、福岡など、各地域のお店を訪問して、お取り扱いのお願いをしました。

タニサケの経営には、当初「日本の中小企業のお手本になる」という志を持ちました。私は「長たる者は部下の誰よりも損をすべし」を心掛け、今も早朝出勤をして、掃除などの下座行《げざぎょう》を続けています。来社される皆様から「日本一の知恵工場」

といわれるのは、社員の皆様の仕事への挑戦（カイゼン）の姿勢が評価され、そして優しく温かい、笑顔の明るい挨拶が素敵だからです。おかげさまで、全国から多くの方が見学に来られて、しかも最近は海外からも来社されます。

私は本当に幸せ者です。社員の皆様の大活躍に支えられ、十八歳で社会に出て以降、現在でも、本当に多くの「人生の達人」に学ばせていただいています。

本書の後半で、「対談」の機会を快く引き受けてくださった、私の人生の師である鍵山秀三郎さんとの邂逅《かいこう》。さらには、「経営と人生」のお手本を示してくださった松谷義範さん、西端春枝さん、そして横内祐一郎さん、この三名の方との出会いについても述べさせていただきました。

本書の前半では、私が発行してきました二十冊の「こころの小冊子」の中から、「生き方の極意」に最適と思う一文を厳選し掲載いたしました。「仕事か遊びか分からない」くらい仕事を楽しんでいる私の、この一冊が、これからの人生の荒波を乗り越えていく若い皆様の一助となれば、著者としてこれ以上の喜びはありません。

松岡　浩

生き方の極意　◇目次

第1章　人生

第2章

教育

第3章 仕事

第4章

感謝

第5章

先達に学ぶ

第6章

対談「生き方の極意」 鍵山秀三郎&松岡 浩

第1章

人生

◆天からの封書

教育哲学者の森《もり》信三《しんぞう》先生が、「人間はこの世に生まれ落ちた瞬間、全員が天からの封書《ふうしょ》をもらっている。その手紙には『あなたはこういう生き方をしなさいよ』と書いてある。つまり、天から与えられた使命、この世で果たすべき役割が示されているのだ。しかし、せっかくもらった、その封書を一回も開けないまま人生を終わってしまう人が多い」と語られています。孔子《こうし》もまた「五十にして天命を知る」と、いわれました。

私は、自分宛の「天からの封書」には、いったい何が書かれているのだろうかと、ずっと興味を持っていました。

創業後、十年ほど経《た》った頃、寝床《ねどこ》の中で、夢かうつつか、耳元でささやく声が聞こえました。「あなたは、中小企業経営者のお手本になって、全国を廻りなさい。そこに、あなたの使命がある」ということでした。私は大歓喜をしました。

私宛の「天からの封書」は、〝中小企業経営者を元気にすること〟だと確信しました。「この世において、生きる意味を見いだし得た者は、いかなる困難にも耐えて、生き抜くことができる」との名言もあります。

今後はいっそうの使命感と自信のもと、講演活動や「タニサケ塾」を通じて中小企業経営者に具体的な実践方法を伝えていきます。

◆運を掴む

世の中には「運のよい人」と「運の悪い人」がいます。

運のよい人とは、しっかり「準備」ができる人、多くのよい「縁《えん》」に恵まれている人、「信念」を持っている人です。運の悪い人は、運のよい人と正反対で、準備ができない人、人との縁が少ない人、信念がない人です。

事《こと》の善《よ》し悪《あ》しは「事前の準備が八割、本番のできが二割」といわれます。成功している企業経営者に、その秘訣を聞いてみると、皆さん準備の大切さを説いておられます。「幸運の女神《めがみ》は準備したところに訪《おとず》れる」という名言があります。何をやっても成功する人は準備を怠《おこた》りません。事がうまく終わるのは、準備を万全《ばんぜん》に整《ととの》えた結果です。その苦労を知らない人は、結果だけを見て「ああ、あの人は運のよい人だ！」というのです。

また、人との「縁」が多い人は、人間関係を築く能力の高い人です。他人を喜ばせ、他人のために汗を流すから縁が大きく、深くなるのです。「こんなことを行いたい」「こんなものが欲しい」と発信すると、縁ある人から情報が得られ、応援してもらえるのです。「いいものが手に入った」「いいことを教えられた」、それは縁があったからです。普段からよい縁を作ろうと心掛け、人のために自分の時間とお金を犠牲にして尽くした末《すえ》に、神様から恵まれたものなのです。その努力を知らない人は、これもまた、結果だけを見て「ああ、あの人は運のよい人だ！」というのです。

三つめの信念とは、堅く信じて疑わない心です。こうなりたいと強く思う心を持つとアンテナが立ち、自分の前を通過していく「運」を掴《つか》むことができるのです。私のささやかな体験からいいますと、「寝ても覚《さ》めても」強い信念を持っていると、不思議なことに、天なのか神なのか分かりませんが、誰かが応援してくれて、それが実現するのです。「運《はこ》ぶ」と書いて運《うん》と読みます。他人の喜びのため、汗を流して誠意を運ぶと運が得られるのです。

最後に生きるヒントです。「生きる」とは、社会や他人の人生と積極的に関《かか》わって、どう命を輝かすかということです。日々の生活に慣れてはいけません。なぜなら心に垢《あか》が付き、汚れるからです。一日一日の真摯《しんし》な「実践」をすることで、十年後の自分の姿に期待を持つことができます。

◆運命はその人の性格の中にあり

「運命はその人の性格の中にあり」とは、作家の芥川龍之介《あくたがわりゅうのすけ》の言葉です。運命とは「人生・社会の成《な》り行《ゆ》きを支配し、人間の意志ではどうすることもできない力」です。

芥川は、「人の運命をよくするのも悪くするのも、その人の性格次第《しだい》」と喝破《かっぱ》しているのです。

皆様がご自身の生活を振り返って、多くの人と縁があり、周りの人から尊敬され、喜ばれているのであれば、性格を変える必要はありません。でも、その反対に人との縁が少なく、周りの人に喜びを与えられない人は、性格を変える必要があります。

性格を変えるには、今までの自己中心的な考え方を変えることです。周りの人を喜ばせたいという強い意志を持って実践し、習慣化することが大切です。それは挨拶でも、笑顔でも、掃除でも何でもいいのです。

性格を変えようと決意した人は、自分にできる他者中心の行動とは何かを考え、それが分かれば即、実践に移す。仲間と一緒に行うこともいいのですが、先《ま》ずは、自分が先《さき》に行うという気持ちが大切です。

人間は緊張感がなくなると怠惰《たいだ》な人生になってしまい、堕落《だらく》します。よい性格を目差して、一日一日、人を喜ばせたいと願って行動する。たとえ五分間の実践でもいいのです。それを続けるうちに五分間が十分間になり、十分間が一時間になり、それが習慣化することで「成功者への道」を歩み出します。

私は㈱イエローハット創業者の鍵山秀三郎さんからトイレ掃除を学び、それを続け、習慣化してきました。掃除を始めた最初の年の冬は、寒くて水が冷たくて、掃除をする手が真っ赤になりましたが、辛抱をして続けました。頓挫《とんざ》しなかったのは、度重《たびかさ》なる鍵山さんの激励のおかげです。

私の夢は「老いてなお、輝いて生きる」ことです。今も現役で元気に大活躍される先輩や師匠の皆様をお手本にして、縁ある人々に与えて、与えて、与える側として「生涯現役」を目差します。

今が一番若いのです。今やらなくてどうする……。二度とない人生を、人間として生まれた幸せに感謝しながら、ご先祖様からいただいた大切な命を輝かせたいものです。

◆人生無駄なし

十～十八歳　家業の八百屋が忙しく、小学生の頃から台所で飯炊《めした》き等をしていて、そのことで今でも料理に興味を持ち続けています。お店の毎日のお手伝いが苦痛で、「サラリーマンの子はお手伝いをしなくていいから、いいなぁー」と思っていました。しかし、これも後年は仕事に生きたようです。

十八～二十八歳　イビデン㈱に勤務、苦手な経理部に配属《はいぞく》され苦しみましたが、そのおかげで数字に強くなりました。六年後、経理部から営業部に異動となり「商売の基本」が学べました。

心掛けたのは「一番早い出勤」で、その熱心さに先輩社員からは、可愛《かわい》がられました。算盤《そろばん》の一級の免状や、調理師学校へ通って調理師免許を取得したり、青少年の派遣事業で選ばれてドイツなどへ行きました。よかったことは、中学校からイビデンに勤務していた時までバレーボール部に所属。そのほとんどが補欠で「忍耐心」が養われたことです。学んだ金言は**「眠る時間を少なく」**

二十八～四十歳　イビデン㈱退社後、家業のスーパーマーケットを引き継いだ時は、天職だと思うほど、おもしろくてしかたがありませんでした。協同組合や商工会の役職を引き受けたのもこの頃で、リーダーとしての資質が育まれたようです。私は友人が多くて、夜中まで遊んでいて本当に横着《おうちゃく》をしましたが、それでも朝一番に市場に行って仕入れをし、仕事だけは手抜きをしませんでした。しかし、スーパーは年々じり貧になり、大型店の進出により廃業しました。学んだ金言は**「いかなる**

「苦難にも耐える精神力を持って生きる」

四十〜七十二歳

タニサケの創業は、経理や営業を学び、経営者の覚悟ができた頃で、「天の配剤《はいざい》」が絶妙のタイミングで届いたように感じました。「人生の大勝負」と思い、ど真剣に生きねばと決意したことを覚えています。

創業期は寝る以外は自分の時間の全部を使って、十年間、気が狂うほど働きました。出張先の東京で過労のため倒れたこともありましたが、それは苦しみではなく楽しみの行動の結果でありました。経営が安定期に入った頃から全国に「人生の師」を求め、旅（もちろん、セールス活動を兼ねて）して、多くの「真人《しんじん》」に出会い、成長できました。ゴミ拾いは今も続けています。学んだ金言は**「行《ぎょう》ずれば実る」**

わが人生を振り返ってまとめると、「早起き」「好奇心」「忍耐心」「一所懸命」、そして多くの「偉大なる師」との出会いで今の私があります。「明るく陽気」、この遺伝子を授けてくれた両親に絶対感謝です。七十二年間に起きたことがすべてに生かされて、「人生無駄なし」をつくづく感じています。

◆ノーブレス・オブリージュ

私はできる限り外来語を使わないようにしています。外来語だと、日本語の微《び》妙《みょう》な意味合いが表現しきれず、相手に伝えるべき内容が曖昧《あいまい》になるからです。でも、あえて「ノーブレス・オブリージュ」と書きました。日本語で表現すれば「高貴《こうき》なる者の義務」、あるいは「騎士道」「武士道」でしょうか。

英国には、戦場において、上官こそが真っ先に最前線に進み出て、国家のために命を投げ出すという気高《けだか》い精神「ノーブレス・オブリージュ」が、伝統として生きています。この精神を伝統にする英国の国民は強い。

一方、今のわが国でリーダーと称する多くの政治家や官僚たちには、「武士道（ノーブレス・オブリージュ）」が微塵《みじん》も感じられません。自己の保身として口先だけの議論はしますが、実践が伴わない。だから国民から尊敬もされないし、庶民の意識から乖離《かいり》しているのです。こんな人たちをテレビの画面で見て、むなしく感じるのは私だけでしょうか。

今、国家に必要なことは、高貴なる人（地位の高い人）が周りの人びとのお手本となる実践を示すことです。教育哲学者の森 信三先生は「足元の紙クズ一つ拾えぬ程度の人間に何ができよう」と、実践の大切さを語られています。

「ノーブレス・オブリージュ」を会得《えとく》したいのなら、他の人が避けるような掃除等の「下座行」をすることです。しかも毎日「精進《しょうじん》」することができたら最高です。

私は、「長たる者は部下の誰よりも損をすべし」を信条に、早朝の出勤と道路清掃を毎日続けています。続けることで、忍耐と犠牲的精神を天から与えていただけたように思います。お互いに評論家ではなく、実践家となり、世界から尊敬される国民を目差したいものです。

◆邂　逅（めぐり合うこと）

誰と出会うかによって、その人の人生の充実度に大きく差異が出ます。作家の亀井勝一郎先生は、このことを「人生の最大事は邂逅である」と書かれています。

私は、十八歳で就職して五十年、振り返ってみると本当に多くの人と出会い、教えを受けてきました。そのおかげで、少しは世の中のお役に立てるようになったと自負しています。自称、不良の私をお手本にしたいという若者まで出てきましたので、自慢になりますが、私の邂逅を紹介します。

数多くの「人生の達人たち」との邂逅は、何《いず》れも私が求めたもので、行動することで出会うことができました。「あの人に会いたい」と思いついたら、すぐに手紙を書いて面談をお願いしました。ある人には、ハガキを三十枚も書いたことがあります。熱心さが認められ、「友人を紹介する」といわれたこともあります。

面談をしていただいた後は「即行《そっこう》」で礼状を書き、翌日に届くようにしました。内容は、会っていただいたことへの感謝、お教えに感激したこと、驚くほどの生き様《いきざま》に感動したこと、そして、人格の高さに感心したことなどで、最後にはもう一度お会いしたいと書き綴《つづ》りました。

もちろん、私の思いと違っていて、がっかりした人もいました。「裏を返す」という花柳界《かりゅうかい》の言葉を知っていたので、一度だけの面談だと失礼と思い、もう一度お願いして、会っていただいたこともあります。

私の邂逅の中で特に印象に残っている方は、㈱イエローハット創業者の鍵山秀三郎さん、フジゲン㈱創業者の横内祐一郎さん、今は亡き、東邦薬品㈱創業者の松谷義範さんです。二十年ほど前のことですが、邂逅を求めてのワクワクした旅を思い出すと、今でも胸が熱くなります。何度も何度もお会いして、そのたびに食事をご馳走になり、体験談を語っていただけたことに、私は「最高の幸せ者」と感謝しています。

亡くなられていて、今は会うことはできませんでしたが、本での邂逅は教育哲学者の森信三先生、哲人の中村天風先生などで、壮絶な体験をされた方のご著書は、未完《みかん》の私を大きく成長させてくださいました。

ドイツの哲学者カントは「人は人に出会って人となる」と語っていますので、若い皆さんに人生の成功者への道を目差して、「師を求めて旅をする」ことをお勧《すす》めします。


（「フレッシュタニサケ」平成二十四年五月号より）

◆蒔いた種は生える

タニサケでは、社員の皆様の給料袋に毎月、生き方の参考になる紙面を同封しています。これは「人生の種蒔《たねま》き」のようなものです。この紙面を読み、感動の涙を流すと「実践の力」となり、人のために行動することで成長できます。

それを受けた方もまた、他の方にその感動を伝えられるでしょう。私は、これを「涙の交流」といっています。もちろん、全員がそのような交流ができるとは限りませんが……。

私の四十年前の「種蒔き」の種が最近、芽生《めば》えてきました。二十八歳頃にイビデン㈱の営業活動で訪問していた得意先から、創立記念の講演依頼があり、大きな驚きと喜びを味わいました。

昨年から営業に関わるようになった清水勝己取締役（現社長）から「あの会社と取り引きをしたいが」と、よく相談を受けます。その時、今まで積み重ねてきた交流が役に立つのです。お願いをすると、お取り引きが可能になるのは「種蒔き」の成果に外《ほか》なりません。私の人生は「営業生活」のようなものです。

六年前に「タニサケ塾」に参加された福岡県のＭさんから、たくさんの人生のヒントとなる資料が送られてきました。とても充実したものでした。成長をされたＭさんは「塾」で学んだことを参考にして講演で語られているそうで、多くの方に喜ばれたとのことでした。六年後に「蒔いた種」が芽生えたのです。このＭさんも「種蒔き」の達人です。

（「フレッシュタニサケ」平成二十六年五月号より）

◆天下のために十銭を惜しむ

私が四十五歳の頃、新幹線で座席が隣り合わせになり、その後、長年交流をさせていただいた、三森商事の森田芳雄会長には、多くの教えを受けました。

特に森田会長の会社を訪問した際に高価な著書を三冊いただき、お金を支払おうとしますと「教えるのにお金は受け取らない。これは石田梅岩《いしだばいがん》先生から学んだことだ」と強く語られました。私は申し訳ない気持ちで著書を頂戴《ちょうだい》しましたが、そのことが、ずっと忘れられないでいました。

二十年前に無料の体験研修「タニサケ塾」を開始したのは、森田会長の教えがあったからです。今も一か月に一回は開催していて、参加者から「これほどの塾なら有料で」との要望もありますが、私は教えを守り、無料で開催を続けています。

その森田会長の著書『天下のために十銭を惜しむ』（河出書房新社）の中で、青《あお》砥《と》藤綱《ふじつな》の逸話《いつわ》を石田梅岩先生が紹介された文章です。


梅岩先生は青砥左衛門藤綱（生没年不詳）をたいへん尊敬していた。藤綱がある時、鎌倉で夜、勤めが終わって帰宅途中のことであった。滑川《なめかわ》のほとりに来た時に、ふと「火打ち石袋」に入れていた十銭を川の中に落とした。部下たちに川の中を探させたが、発見ができず、辺《あた》りが暗くなったので、部下に五十銭を渡して、「これで松明を買ってその十銭を探し出せ」といわれたので一所懸命に探したら十銭が見つかった。

だが十銭を探し出すのに五十銭を使ったのである。これは一般の経済観念からいえば成り立たぬというので、鎌倉幕府の連中が「青砥藤綱という人は、ひじょうに偉い人と聞いたが、愚《おろ》かなことをするものだなぁ」と騒ぎたてた。

これを聞いた藤綱は顔をしかめて次のようにいっている。

「そこだよ、みんな愚かで、世の中の本当の銭使いということを知っていないなぁ。人民を愛護する心のない人のいうことだよ。落とした十銭は『天下の富』である。その十銭は今ここで探さなかったら、滑川の底に沈んで永久になくなったままだろう。私が松明を買わせた五十銭は商人の家に永く残っていることになる。彼と我と何の差があろうか。しかも幸い見つかったので、彼と我とで計六十銭が一銭もなくなっていない。これは何と『天下の利』ではないか。たとえ、十銭が見つからなくても、天下の富、公共の財貨を大切にするという心根《こころね》を失いたくないものだ」

（以下略）

※石田梅岩先生（商人道の指導者、一七四四年没・五十九歳）

◆一隅を照らす

二十年前から毎日の朝礼で、当社の全社員が唱和している『私の願い』は、元住友本社常務理事の田中良雄さんが作られた詩です。

「私の願い 『一隅《いちぐう》を照らすもので 私はありたい 私のうけ持つ一隅が どんな小さいみじめな はかないものであっても わるびれず ひるまず いつもほのかに照らしていきたい』」と、この味わい深い詩を大きな声で唱和しています。

「一隅を照らす」をいい換えると「ポストでベスト」。すなわち、自分の持ち場で最高の力を発揮するということです。「どんな小さいみじめな、はかないものであっても」は、たとえば「ゴミ拾い」「トイレ掃除」「床磨《ゆかみが》き」「道路清掃」などといってもいいでしょう。

「わるびれず、ひるまず、いつもほのかに、照らしていきたい」は、温かい心で素直に与えられた仕事に立ち向かうこと。仕事の中には自分を鍛えてくれるものが必ずあるので、できる限りの努力をする。最善を尽くした後は、その身を天命に任せて、どんな場合にも動じない、という「安心立命《あんしんりつめい》」の心境を心掛けるということでしょう。

「一隅を照らす」ために、すぐできる実践は、誰にでもできる挨拶と笑顔です。「挨拶は、心の扉《とびら》を、開きます」。挨拶をすることにより、自分の心も相手の心も開かれます。「笑顔には、運《つき》を呼び込む、魔法あり」。笑顔を見せることで、幸運の女神《めがみ》が舞い降りるのです。明るい雰囲気の職場づくりは、挨拶と笑顔で可能なのです。

中国・清代末期《しんだいまっき》の軍人、政治家であった曾国藩《そうこくはん》が「収穫を問うなかれ、ただ耕耘《こううん》を問え」という言葉を残しています。「成功か失敗か、仕事の結果だけを問題にするのではなく、そのためにどれだけ努力したかを自分自身の心に問いなさい」という意味でしょう。

この「一隅を照らす」のルーツとなる「一隅を照らす、これすなわち国宝なり」という言葉は、伝教大師・最澄《さいちょう》の著書『山家学生式《さんげがくしょうしき》』にあります。できる限り、国民の一人ひとりが「国の宝」を目差し、為《な》すべき実践に力を尽くしましょう。

◆ありがとう（㈱タニサケ三十周年記念講演会のご挨拶）

みなさんこんにちは！

タニサケの三十年間を漢字一文字に表すと「継続の力」の「続」です。誰も聞いてくれないので、自らが書いて発表をしました（笑）。

「社内報」「改善提案」「掃除」「ありがとうカード」など進化しながら続けています。川柳《せんりゅう》にある「このごろは　話も入れ歯も　かみ合わず」の老人になりましたが、私は本当に幸せ者です。一緒に創業をした、今は亡き谷酒茂雄さんに大感謝、会社では素敵な社員の皆様に囲まれ感謝、お取引先様には格別な応援をいただき感謝、友人には笑いいっぱいの明るい交流に感謝、そして家庭では「仕事バカ」の私は家庭サービスもせず、反省のみ、ただただ、家族に感謝です。

話は変わりますが、一週間ほど前、全社員で会社の近くの公園と道路の掃除を始めようとした時、突然、目の前に軽トラックが止まり、運転席から「お前たち、何をやっているのか！」と強面《こわもて》の人にいわれ、「ハイ、これからゴミ拾いをするところです」と。すると、その人が一呼吸置いて「あのゴキブリ屋か」と。「ハイ！そうです」と答えたら、「いいことをしているので区長に伝える」といわれ、走り去られました。びっくりしましたが、嬉しかったです。特に掃除といっただけで、「タニサケ」と分かったからです。（中略）

本日は、ご無理を申し上げ、一か月四回発行のあったかい新聞「みやざき中央新聞」の〝魂《たましい》の編集長〟水谷もりひと様にご講演をお願いしました。熱演をご期待ください。参考までに水谷様の奥様は岐阜県北方町のご出身で、岐阜大学を卒業されていて、社長であり名セールスマンです。

最後に、人が「成長するためのヒント」を。人生は、実践によってのみ成長ができます。その実践は、早起きを心掛け、人が喜ぶ「先手の挨拶、明るい笑顔、打てば響く行動（即行）、ハイ！　という素直な返事、ゴミ拾い、トイレ掃除」などです。十年もやり続ければ、人生の成功者になれます。お互いに励んでまいりましょう。

感謝すると、すぐに幸せになれます。感謝の代表的な言葉の「ありがとう」の三句を申し上げます。

「ありがとう　そのひとことが　潤滑油《じゅんかつゆ》」
「百薬《ひゃくやく》に　勝る口癖《くちぐせ》　ありがとう」
「自立とは　ありがとうと　いえること」ありがとうございました。

◆ありがとうカード

平成五年から「ありがとうカード」で社員同士がお互いに美点を見つけ、褒《ほ》め合うことを始めました。褒めた人、褒められた人、それぞれに一件百円の私製の商品券が出ます。

「ありがとうカード」の一部を紹介します。

何を。　受付にきれいな花を生けてくださいます。

感想。朝、出社すると受付にきれいな花が生けてあるのが目に飛び込みます。「ああ、今日もS子さんが、生けておいてくださったんだわ」と感謝の気持ちでいっぱいになります。おかげで事務所がパッと明るくなりました。（K子）

何を。女性のトイレまで、男性が早朝に出社して掃除をしてくださっています。

感想。朝、トイレに入ると思わず「ありがとうございます」と心で叫びたくなります。自分は他人のそれぞれの働きで生かされていることを、しみじみ思います。（M子）

何を。今年も誕生日のお祝いをしていただき、ありがとうございました。

感想。地球上には何十億もの人が生きているけれど、こうして毎年みなさんに祝ってもらえる人は少ないと思います。本当に幸せな会社にいるんだなぁ、と実感しています。ありがとうございました。（T子）

何を。　早朝の川の掃除。

感想。　雪が舞う朝、出勤しましたら、会長が一人で会社の前の川を掃除しておられました。美しくしていたらゴミを捨てる人もいないだろう、という気付きの心を実行される行動力、世の中には数えきれないほど会長はいますが、私はこの会長とともに働けることに喜びを感じ、一日が楽しい気持ちで過ごせました。（S子）

何を。　今年も素晴らしい社員旅行ができたことを、心より感謝申し上げます。

感想。　今回の旅行で、日本の国の豊かさ、物だけでなく自然界の調和もとれている素晴らしい国に、私たちは生まれたのだと実感しました。日本人として〝生〟を受けた意義を考え直し、タニサケの一員として精進していきます。（O子）

◆満堂に春を生ず

それまでは暗かったり、とげとげしかった部屋の雰囲気が、ある人物が現れると、とたんに春がやって来たように、その場に温かい気が満ち、部屋にいる人たちが明るく生き生きとなります。こんな状態を「満堂《まんどう》に春を生ず」というのでしょう。反対に、その人が現れるだけで全体の雰囲気が沈《しず》んで暗くなる、そのような人間には絶対にならぬよう気をつけたいものです。

私が社会人生活で「満堂に春を生ず」のような人物になりたいとお手本にしたのは、大阪の材木商の伊奈岡芳次さんです。イビデン㈱大阪支店で勤務をしていた二十七歳の時、営業活動で訪問し、出会った伊奈岡さんが私の憧《あこが》れの人になりました。

伊奈岡さんの気配《きくば》り、心遣《こころづか》い、商人としての姿勢もよかったのですが、何といっても胸に秘めた「闘志」と「明るさ」が魅力的で、とにかく伊奈岡さんが現れると部屋全体が明るくなりました。

四十年前、伊奈岡さんのご自宅へ何度も通い、教えを受けていたころのことを思うと、御恩を感じて体が熱くなります。私は伊奈岡さんには遠く及びませんが、少しでも明るい雰囲気をと意識して生活をしています。

もう一人のお手本は、私の人生の師、㈱イエローハット創業者、鍵山秀三郎さんです。鍵山さんはあくまでも謙虚な方で、なおかつ「縁」のある人様《ひとさま》を大切にされます。鍵山さんが部屋の中にお一人加わるだけで、穏やかな雰囲気になり、笑顔があふれる場となるのです。まさに「満堂に春を生ず」の鍵山さんです。

若い皆様にも「満堂に春を生ず」の理想を掲《かか》げて、そういう人物になって欲しいと思います。しかし、これには相当な長期にわたっての努力が必要であります。けれども、そうなりたいと思う強い心で、一日一日、縁ある多くの人に明るく接し、喜びを与え、元気を与え続けることで、いつかはそれが可能となります。

静かで目立たないけれども、話を聞くのが上手《じょうず》で、心から人の幸せを願っている人物は、不思議と人を引き付けるのです。これを「万人引力《ばんにんいんりょく》」といいます。

これも「満堂に春を生ず」に近付く道です。

◆画竜点睛

新しい年を迎えての決意です。

「画竜点睛《がりょうてんせい》」という言葉があります。その故事は「昔、中国に絵の名人がいて、金陵《きんりょう》（南京市《なんきん》）の安楽寺の壁に竜の絵を描いた。最後に竜の睛《ひとみ》を書き入れたところ、たちまち、その竜が生命を得て、天に向かって飛び立った」

このことから、物事を完成するために、大切な部分を最後に加えて完全に仕上げることを「画竜点睛」といいます。つまり最後の仕上げを、立派に成し遂げるということです。

一枚の絵を描くのに、たとえば私が一生をささげるとすれば、もう仕上げの段階にかからねばならない年齢（七十二歳）になりましたが、私自身は未《いま》だに焦点が絞れず、毎日を中途半端に過ごしています。

本年こそは、毎日を上機嫌で、縁ある人を喜ばせ、そして、他人の幸福をまず願う、利他を心掛けて生活をしていきます。

具体的には、私が会社で関《かか》わる社内報の「フレッシュタニサケ」、縁ある人との「ハガキでの交流」、毎月開催の「タニサケ塾」、経営者の勉強会の「大阪・松岡会」、各地での講演会、そして「毎朝の掃除の実践」などをもう一歩前進させ、多くの方に希望と勇気を与える努力をします。家庭でも、すべてのことに感謝をする生活をします。

そのことが点睛となり、私の人生の一枚の絵を完成できると信じています。最後にちょっと気を抜いて全体を台無しにする、「点睛を欠く」といわれないよう精進をしていきます。

私がめざす、大好きな名言を紹介します。

「一生の終わりに残るものは、われわれが集めたものではなくて、われわれが与えたものである」（ジェラール・シャンドリー）

（「フレッシュタニサケ」平成二十九年一月号より）

第2章

教育

◆ディスカバー（覆いを取り外す）

教育とは「一人ひとりが持つ貴い種（素質、天分）を発芽させ、成長させることと」です。まずは、固く閉じた覆《おお》いを取り外《はず》すことからです。覆いを取り外すことにより、子供は無限の可能性を発揮します。

それには、教える側の先生自身がまず、覆いを取り外さなければなりません。自分の古い殻《から》から脱《ぬ》け出して、素直に外の世界を見聞きし、そして実践を重ねることで、自らの覆いを取り外すことが可能になるのです。

生徒に「生きる力」を与える先生は、何よりも人間的な魅力が求められます。そのためには、人間としての自分自身を磨き上げることが必要です。

一番大切なことは、社会性を身につけることです。社会性は、人との交流によって作られます。そのためにも、狭い教育界から出て、特に、実業界の人から学ぶことをお勧めします。もちろん、地域の皆様との交流も肝要《かんよう》です。

「本」から得られるのは、いわば平面的な学び……。「人」からは、立体的な「生きた学び」が得られます。だからこそ、人から学ぶのです。学びには、一日一日、薄紙を積み重ねるような進化、即ち、ｉｎｇ（進行形）を心掛けることです。

先生は生徒の前で、形式ばった「鎧《よろい》」で身を固めるばかりではなく、時には、先生自身の飾らない人間性を見せることも大切です。

授業の内容自体は、概《がい》して生徒の記憶に残りにくい。むしろ、授業以外での先生の言動や後ろ《うし》姿が記憶に残って、生徒の将来に「生きる力」となるものです。つまりは、先生自身の「人間力」が問われるのです。

「ディスカバー」には、発見という意味もありますが、覆いを取り外すという意味もあります。教育界の最大の仕事は「ディスカバー」だと、私は思っています。

生徒一人ひとりは、個性と天分を持って生まれてきているので、それぞれの生徒に合った方法で「ディスカバー」を行うことです。たとえば、褒める、勇気づける、共感する、見守る、認める、一緒に楽しむ、叱《しか》る等々です。

◆校長よ！

ある小学校で「掃除に学ぶ会」がありました。その時に参加していた他校の二人の若い先生が、「私の学校でもトイレを磨きたい」と「掃除に学ぶ会」の開催を希望されたので日程を決めました。ところが、予定日の二日前、申し訳なさそうに「参加者は私たち二人だけです」。私が「校長先生はどうされたのですか」と訊《たず》ねると、「自由参加と申しましたので参加されません」とのこと。私は二の句が継《つ》げませんでした。

勤務する小学校の子供たちのためにトイレを磨く、という若い先生の「高い志」を踏みにじる、言葉を換えれば「芽を出そう」とする先生の芽をつむ校長に強い憤《いきどお》りを感じました。そして、日頃「子供の芽を育てよう」と唱える校長の声が空《むな》しく聞こえました。

もちろん、当日の「掃除の会」は、若い先生の芽をつんではいけないと仲間に呼びかけ、燃えに燃えていつもよりピカピカにトイレを磨き上げました。

この頼りない校長は、おそらく頭の偏差値は高いけれども、「使命感」「倫理観」が欠落しているのでしょう。「倫理観」のことを長野県の毛涯章平《けがいしょうへい》先生は、「倫理指数」（心の知能指数、豊かな人間性）と表現されています。

明治七年（一八七四年）、西郷隆盛が創設した私学校の校長になった篠原国幹《しのはらくにもと》から「学校の規則は、いかがしもうそうかい」と尋《たず》ねられた時、西郷は「貴君が規則になりたまえ」と答えたそうです。それは、規則など作る必要はない、校長が模範を示せばよいという意味です。「校長よ、君《きみ》、規則たれ」。なんと含蓄《がんちく》に富む言葉でしょうか。

新しい年が始まります。しかし、教育道には休みも終点もありません。次代を担《にな》う児童、生徒の琴線《きんせん》に触れる「魂の教育」を「巌壁《がんぺき》に刻みつける」覚悟で、一校の主宰者たる校長先生が率先《そっせん》して実践をしていただきたいものです。

◆教育界よ！

長い伝統を誇る公立高校から、創立記念日の式典で一時間二十分の講演を依頼されました。

私が「会場での生徒の姿勢は？」と尋ねると、「体育館の中で体育座《すわ》りです」。次いで「イスはないのですか？」という質問には、「ありますが使用しません」。更《さら》に「生徒は講演をメモするのですか？」と問うと、「頭で覚えさせます」との返答でした。

生徒に対するあまりの気配りのなさに、講演を引き受ける条件として「生徒にはイスを用意し、メモを取りながら聴いてもらい、後日、感想文を書いてもらってください」と注文しました。

三日後、最初に依頼に見えた若い先生に同行して、年配の先生が名刺も持たずに来社され、私に対して「高名な先生にご依頼するのは恐れ多いので、この話は無しに……」といわれました。その返事に驚いて「それは、イスを用意することが面倒だということではないのですか？」と確かめると、「ハイ、イスを並べるのに三時間はかかるので……」との返答でした。これが講演の依頼を取り消す本音《ほんね》だったのです。

私が尊敬をする教育哲学者の森　信三先生の教えに「教育とは流水に文字を書くような、はかない業《わざ》である。だがそれを巌壁に刻むような真剣さで取り組まねばならぬ」とあります。

記念講演で外部講師からせっかく学べる機会なのに、生徒の成長を願う気持ちが全く感じられません。「子供たちは宝」と口ではいいながらも、やっていることは全然違うのです。先生方が自ら一時間二十分の体育座りを体験して、苦痛を感じる必要があります。

電車の中などで床面に直《じか》に座っている若者たちの姿は、体育座りとよく似ていますので、あの「地べた座り」の大本《おおもと》は、学校にあるのではないかとさえ思えました。

なお、「イスを並べるのに三時間」は、私なら十五分間でできます。それには、生徒一人ひとりが教室からイスを持ってくる。または、会場に保管してあるイスを生徒全員が協力して並べる。こういうことが、当社で行なっている「改善」であり

「進化」なのです。

今回の件は、例外的かもしれませんが、「教育界よ！　もっと心から児童、生徒を大切にせよ！」と叫びたい思いでした。

今までと同じことしかできない先生には、進歩がありません。だから、生徒らの叫び（声）も聴こえません。教育界も「よりよく」を心掛けて、一日一日成長できる「改善提案制度」を採用すべきでしょう。

教育基本法の第一条に「教育は、人格の完成をめざし……」とありますが、まずは先生方の人格の完成を期待したいものです。

お笑い

社内報「フレッシュタニサケ」（ひとくちコラム）　テーマは「新」です

私が結婚したのは高度成長期で、春になると賃上げでストライキが盛んに行われ、新婚旅行も新幹線やホテルでのストライキがあり波乱の門出でした。今、ストライキはあまり聞かなくなりましたが、隣に住む孫は、おもちゃを買ってもらえないと、すぐストライキをします。

（リスのシドニー）

◆『一流の日本人をめざして』を読んで

「みやざき中央新聞」はローカルな名前の新聞ですが、宮崎県の話題は一切載っていません。さまざまな分野で活躍している人の講演を取材しています。感動した話、心温まる話、面白い話など、ためになる前向きな話ばかり掲載して、毎週月曜日に（月四回）発行されています。なかでも水谷編集長の「社説」が売り物ですが、その「社説」に『**一流の日本人をめざして**』が紹介されました。

「岐阜県にある㈱タニサケの会長・松岡　浩さんは、これまでに二十冊ほど小冊子を発行されている。『**一流の日本人をめざして**』は、その中の一冊だ。若者へ向けた二十三本のエッセイが綴られている。その小冊子を手にした僧侶《そうりょ》が、部活動を指導する知り合いの二人の高校教師に、生徒たちにも読んで欲しくて部員の数だけ贈った。先日、その生徒たちの感想文を読ませてもらう機会があった。松岡さんのメッセージがストレートに響いていて、驚いた」　（以下略）

その小冊子の感想文の一部を紹介させていただきます。

シンガポール国立大学の清水千弘教授と私の共著
『一流の日本人をめざして〜若者への伝言〜』を読んだ感想文より

・高校生の決意（高校生シリーズ No.1）

北海道／高校一年／K君

自分はこの本を読んで、大切なことをたくさん学ぶことができました。特に「成長は素直さに比例する」という言葉と「頭の偏差値より心の偏差値を」という言葉が強く印象に残っています。

自分は中学生の時、野球部の主将をやっていました。一年間で、もちろんすべての人が成長しました。しかし、それぞれの成長の度合《どあ》いが異《こと》なっていました。その基準というものは素直さにありました。他人の指摘を素直に受け入れている人は、一目《ひとめ》見てすぐに分かるほど成長していました。しかし他人の指摘を聞こうとせず自分勝手な人は、成長の度合いが小さかったです。自分にこのような経験があったため「成長は素直さに比例する」という言葉が強く印象に残りました。

「頭の偏差値より心の偏差値を」という言葉については、自分ではあまり深く考えたことのない話であったので、印象に残っています。自分は多くの人の文章を今まで読んできました。その中で一度も「心の偏差値」についての話は読んだことがありません。この本を見て「心の偏差値」と目に入ってきた時、自分でどのようなことなのか考えてから読みました。このようにして深く読んでいったのも印象に残っている理由でもあります。

本の中に「鳶職《とびしょく》の父」という作文がありました。その作文を読んで自分は涙が出ました。家族が見ていない所でとても危険な仕事をしているにも関わらず、家では邪魔者《じゃまもの》扱いされていた父の気持ちはとても辛かったでしょう。それを笑顔でごまかす父に感動しました。最も感動したのは、働いている父を初めて見た時の少年の気持ちです。父の跡《あと》を継ぐと決めた少年の心はまさに「白い心」でいっぱいであったと思います。（中略）

今回、この本に出会えたことで自分は成長することができました。今まで自分が考えてきたことを改めて見直してみると、間違っている思考が多々ありました。これまでの十六年間を振り返ることができたのでよかったです。

これからの自分は明るく生きることを意識していきたいと思います。また暗い人を明るく変えていきたいです。そして、「毎日が楽しく明るい未来」を創っていきたいです。

・高校生の叫び（高校生シリーズ No.2）

北海道／高校二年／I君

この一冊は現代の日本社会や日本人の悪い部分を的確に指摘しており、それを踏まえた上で、我々若者が「よりよい社会づくり」をしていくために必要な言葉がたくさん書かれていました。そして言葉の一つひとつに心温かいメッセージがありました。

自分たちは、次の時代を担う者として成長しなくてはなりません。そのためには、この一冊にあったように「人は磨かなければ、人間になれない」の精神を基本に、一日一日を自分を磨くための時間だと思い、受け身ではなく、自分から進んで物事に挑戦していきたいと思います。

北海道／高校二年／Y君

人に「ありがとう」ということができない人は、子供にもたくさんいますが、大人にもたくさんいると思います。なぜかというと、私が元気に挨拶をしても返事もしない大人がいたり、狭い歩道で道を譲ってあげたにも関わらず「ありがとう」もいわずに素通りする大人がいます。見返りをもらうためにやっているわけではないのですが、そのような大人がいるから、挨拶もできない子供たちが増えていくのだと思いました。自分は、なぜ、そのような大人がたくさんいるのか不思議です。

自分の好きな言葉がありました。それは「努力は人を裏切らない」「過去は変えられないが、未来は変えることができる」という二つの言葉です。自分も本当にそう思います。ですから、今を大切にして何事にも恐れることなく、自分のやりたいことに挑戦をしていきます。

日本人は正直で、勤勉で、約束を守る。なおかつ私事より公を優先する、という「日本精神」の文章を読み、今の日本の大人と、かなり異なることがあると感じました。この本での「日本精神」は、誠を尽くす心が驚くほど強く、誰と接しても積極的でというように書いてありました。そこが、今の日本人とは異なっていると感じました。この本を読んで、どうすれば「一流の日本人」になれるのかということが分かりました。これからの生活は、この本に書いてあったことを生かし、今まで以上に自分を磨いていきたいです。

北海道／高校一年／K君

・高校生の感謝（高校生シリーズ　No.3）

北海道／高校二年／Iさん

私は、この本を読んで大切なことを改めて実感することができました。なかでも二つの話が印象に残りました。

一つめは「社会に出ていく皆様へ」です。習慣付けして欲しいということが五つありました。読み始める前は、どんな難しいことが書いてあるのだろうと思いましたが、すべてのことが意識していれば身につくことで、いつも学校でいわれるようなことでした。こんなことをしても、頭がよくないと意味がないのではないかと、今まで自分では思っていました。でも、本を読んでいくにつれて、どれだけ頭がよくても遅刻をしたり、他の人に迷惑をかけるようなことをしたりしていては駄目だと思いました。

私も部活で先輩になって思うのは、すごく仕事ができることはよいことで、大切なことだけど、それよりも、会ったらしっかり挨拶ができたり、返事をすることが大切です。そして、何よりも「できる人」より「がんばろうとしている人」を応援したくなりました。がんばっている子は、周りからも認められるし、すぐに仕事ができるようになりました。

二つめは「大人になる」ということです。身近な人がどんどん成人式を迎えています。年齢が二十歳になっても心が子供のままでは、私より年少の人には何もいえないと思いました。

六十年前の「特攻隊」の方の文章を読んで涙が出ました。今の成人式をテレビのニュースで見ると、とても盛り上がっています。遊んだり騒《さわ》いだり、私もそれが普通だと思っていましたし、そんな成人式を迎えるのを楽しみにしていました。

でも、この文章を読んで「こんな時代もあった、こんな成人式もあったんだ」と思い、今の私の暮らしを思うと涙が出ました。当たり前の幸せを忘れていた気がして、すぐに、親にいろいろとしてもらっていることに対して「ありがとう」といいました。私が成人になった時にも、この文章（特攻隊の遺書）を書いた人の事を忘れず、また感謝する気持ちも忘れたくないと思いました。この本は人生に迷った時にもう一度読みたいと思える、私にとって大切な一冊になりました。

◆時を守り、場を清め、礼を正す

教育哲学者の森 信三先生は、学校の再建には「時を守り、場を清め、礼を正す」ことが大切と唱えられました。この箴言《しんげん》は企業の再建においても同様と思い、私自身も心掛けて実践を続けています。

「時を守り」

時間を守ることです。たとえば、午前十時の集合ならば、必ずその時間までに行くことです。「他者中心」を心掛ける人は、集合時間前に行き、お世話役の人の仕事を手伝います。「自己中心」の人は、集合時間に遅れ、迷惑をかけます。前者は人としてのお手本になりますが、後者は残念ながら周りの人からの信頼を失います。

私は企業人ですから、「時を守り」を「約束を守る」と捉《とら》えて、単に時間を守るだけでなく、約束を守ることを意識して生活しています。企業人の大切なことは、命の次に信用（約束を守る）だと強く思っていて、特に、先にした約束を優先する「先約優先」を心掛けています。だから、約束を破ったことはありません。

約束を破ることは信用を失います。「商人失格」「経営者失格」のみならず、社会人としての失格につながります。お金は失っても取り戻すことができます。しかし、信用は失ったら取り戻すことができません。

「場を清め」

学校や会社の「場」を徹底的に磨き上げることです。ゴミ一つなく、トイレも社内の床もピカピカ、敷地内に雑草は生《は》えていない、等の「いつも清々《すがすが》しい」環境を作ることで、場を清めることが可能です。

トイレ掃除で白い雑巾《ぞうきん》を使用し、どこを拭《ふ》いても白い雑巾が白い儘《まま》です。これはタニサケの自慢です。社内には積極的に花を飾って、働く仲間の心を癒《いや》しています。そして、雑草はボールペン一本分の長さになると「貧乏草」と思い、草取りを続けています。場づくりの名言に「掃除の広さと人物の大きさは比例する」があります。私はできるだけ広く掃除をして大人物を目差しています（笑）。

「礼を正す」

挨拶を行うことです。人と会えば真っ先に挨拶をする。特に目上の人から先に「さんづけ」で挨拶をします。たとえば「伊藤さん、おはようございます」と。

名言「飾らない者は美しい」とは、上司が部下より先に挨拶をすることです。そして、人から何かを頼まれたり、名前を呼ばれたりした時に「はい！」という大きな声で返事をする習慣付けをすると、素直な人物になれます。

学校の再建、企業の再建、日本国の復活は、年長者が「時を守り、場を清め、礼を正す」を心掛けることで可能です。実に平凡なことですが、やり続けることが難しいのです。お互いに未来を背負う若者たちのお手本を目差して励みましょう。

◆先生へ

ある国の王子の話

昔、ある国王が、間もなく八歳の誕生日を迎える王子を呼んで、「誕生日に祝いの品物を与えるが、何が望みか」と尋ねられました。王子は「自分の等身大の像を小高い丘の上に建てて欲しい」と。国王は怪訝《けげん》な顔をし、王子の母親である国王のお后《きさき》は、とても悲しい顔をして、ハンカチで目頭を押さえていました。なぜなら、王子は幼少の頃に患《わずら》ったクル病が原因で背骨が曲がっていたからです。

国王は王子に向かって「それはならぬ。望みを変えよ」と命令しましたが、王子は「私がいう等身大の像とは、今の自分の醜《みにく》い姿ではなく、十二年後の二十歳にそうなっていたいと願う自分の姿、即ち背筋が真直ぐに伸び、逞《たくま》しく成長した、将来の自分の姿の像です」といいました。国王はそれなら……と臣下《しんか》に命じて王子が夢みる青年の像を作らせ、城内の小高い丘の上に建てさせました。

王子は雨の日も、朝に夕に、その像まで自力で歩き、像を見上げ、自分がそのようになりたいと強く願いました。そして十二年後、二十歳になった王子は、その像と寸分《すんぶん》違わない逞しい青年になっていました。

私は人を喜ばせようと、手元に前記のような感動する文章を数多く用意していま す。その中から感動の文章を選んで友人にコピーして届け、読んでもらい、涙を流してもらっています。涙は「心の浄化」をすると信じているからです。感動の文章は友人が友人に配り、各人が涙を流し、成長をされています。

学校の先生方は感動するものを読んでも、それを一人占めにする人が多いのです。そうではなく、できれば、その紙面をコピーをして、同僚の先生方に配って、泣かせてください。そうすれば学校の雰囲気がよくなってきます。

涙は縁を深め、楽しい交流ができるようになります。そして、心が穏やかになり、自分も幸せ感を味わうことができます。また、感動するものを他の人に配ることによって、今度は自分に別の感動の紙面が返ってきます。

最後に先生へ、「感動する話を語り、生徒の心のコップを上向きにして、分かるように伝えてください。教育とは教えるのではなく、分からせることです」

五十分間の授業をただ単に終えたのでは、それは「教える」ということだけです。そうではなく、どのようにして「分からせる」かが大切なのです。

◆「翼を与えるメッセージ」を

ある会報の巻頭言に「先生次第」という文章を書かせていただきましたので、その中の一部を紹介します。

> 先生とは、子供の可能性を引き出すプロ（職人）です。分からないことを分かるように教え、翼《つばさ》を与えるメッセージを発し、できないことをできるように導くのが使命で、子供たちに夢や生きる力を与える仕事だという自覚が必要です。

私は島根県益田市のMランドという「日本一の自動車教習所」の役員をしています。そのMランドで、前記の文章を使って講話をした翌日に、一人の教習指導員からこんな報告がありました。

Mランドには「トイレ掃除に学ぶ会」があります。その会で、ピアスをつけた一人の青年が「私はやりたくないです」といってきたというのです。その指導員が「あなたの心は、やりたくないといっているかも分からない。でも、あなたの手は、掃除をしたらきっと喜ぶと思うよ」といったのです。

すると、その青年は素直にトイレ掃除をやったのです。そして掃除の後、その指導員に「先生、手が喜びました」といってきたのです。この指導員の言葉は、まさに「翼を与えるメッセージ」だったのです。

もう一つは、私が埼玉で講演をした時のことです。ある先生が次のような質問をされました。「生徒は『掃除に学ぶ会』では一所懸命に取り組むけれど、普段の学校生活での掃除は、サボってばかりで、だらけています。どうしたらいいのでしょうか」ということでした。

翌月に私は地元の岐阜で、三校の高校の野球部員たち五十人と「掃除に学ぶ会」を行いました。その最初の挨拶の時に、先ほどの埼玉の先生からの質問についての話をしました。そして、その後に、その生徒さんたちに向かって「トイレ掃除ができたら、どんなことをしてでも食べていけます。だからトイレ掃除は『人生の武器』になります。しかし、その武器は使わないと錆《さ》びるので、時々磨かないといけません。学校での掃除の時間、たとえば百人で掃除をする時、九十九人が遊んでいても、自分一人だけは、ど真剣に便器に立ち向かうことが、その武器を錆びさせない秘訣です。このような掃除を続けることで、人生のエリート、人生の成功者になれるのです」と。

その「掃除に学ぶ会」が終わった後の体験発表で、その生徒さんたちが「普段の学校掃除をがんばります」など、実に力強い実践の決意をしてくれました。指導者は、生徒さんや働く仲間の心が動くようなメッセージを常に用意して、できるだけ短い言葉で伝えて欲しいものです。

最後に魔法の言葉。**「苦しんだ分だけ、その先の喜びが大きい」**

お笑い

社内報「フレッシュタニサケ」（ひとくちコラム）　**テーマは「芽」です**

「ギャングエイジ」（いたずらざかり）という年代に突入した、わが家の小学三年生の息子は、好奇心旺盛《こうきしんおうせい》で成長の芽が次々と出てきますが、私の辛抱の芽は枯れ、新しい芽が二つ出て角《つの》になりそうです。

（介護のユーミン）

第3章

仕事

◆よい会社への道

中小企業が「よい会社」を創るには、社長自らの率先垂範《そっせんすいはん》が大切です。もちろん社長の器量も重要ですが、今回は私が思う「よい会社」への道を記《しる》してみました。

私がこれまで出会ってきた社長たちを五つのタイプに分けてみました。

①社長が「毎日の早朝出勤」「明るい雰囲気」「笑顔」「社員を喜ばせる」「即行」「約束は必ず守る」を意識して実践している。

②社長が何事も根気よくやり続け、「継続は力なり」を意識して実践している。

③社長が社内の各所にいろいろな標語（スローガン）を掲げるが、自らはその反対の行動をしている。そして、よく学ぶが、学ぶだけで実践をしていない。標語が実践できない時は、社長の部屋にその標語を掲げる必要があります（笑）。

④社長が業界団体の役員になり、社内不在が多く、自社を忘れて一所懸命にその団体の役を行なっている。

⑤社長が怠惰《たいだ》な人生を送っている。しかも不釣り合いな高級車に乗り、平日にゴル

フを行なっている。
社長が①と②のタイプであれば、「よい会社」に導くことができます。
社長が③のタイプであれば、社長自身の行動を見直し、特に実践を重要視する必要があります。
社長が④と⑤のタイプだと、社内の雰囲気はどんどん悪くなり、会社を倒産させる危険性があります。

いずれにしても「よい会社」への道は、社長が「よい師匠を探し求めて学ぶこと」と、「長たる者は、部下の誰よりも損をすべしとの覚悟を持って行動をすること」です。それは社内で一番多く給料をとっているのは社長なのですから、命を懸《か》けて将来を見据えた、社長自身の成長と下座行が必要なのです。

すぐには「よい会社」はできません。社長が根気強く「毎日の早朝出勤」など、①の項目を実践し続ければ五年後、十年後が楽しみになります。

社長は人の上に立つのですから、それなりの苦労をしなくてはいけません。それを「痩《や》せ我慢」で修行と思って、明るく楽しそうに実践をしたいものです。

◆指導者の四つの条件

企業経営の中でいちばん大切なことは、社長が名指導者であることです。その名指導者になるための四つの条件を書いてみました。

一つめは「人間力」です。人間的魅力といってもいいでしょうか。それは徳があるかないかです。徳があれば、しぜんに人は集まってきます。徳はどうしたら得られるか。「徳は自己犠牲に比例する」という名言のとおり、自分の時間を他人の喜びのために使い続けることです。人間力を高めるには「徳積《とくつ》み」が必要なのです。

二つめは「情熱」です。明るく燃えるような人物を目差すことです。自分があかあかと燃えていると、他者に点火することができます。明るい人の周りには多くの人が集まります。そこに交流が生まれ、情報が得られるのです。「情熱の行動は運《つき》を呼び込む」は、私が若い頃の体験から得た言葉です。

三つめは「使命感」です。人は使命感を持つことで成長できます。私は中小企業の皆様を元気にしようという使命感を持って「タニサケ塾」を開催し、二十年、無料で指導をしています。私がこの使命感を持続できた秘訣は、自分自身が「塾」を楽しんでいることにあるのだと気が付きました。人は「世のため、人のために何を目差すのか」、それを決めることで使命感ができます。使命感を持つと勇気も出ます。使命を果たすためには何事も楽しんで行うといいでしょう。

四つめは「愛情」です。縁のある人を幸せにしたいという気持ちを持って行動することが愛情です。愛情は人を喜ばせることでも表現できますが、善《よ》くないことをした人に対して「そんなことをしていると、君の人生が悪くなるぞ」と、その人を思いやって指摘することも愛情です。論語の中で、孔子の弟子《でし》が「ただ一言で一生涯、行うべきものがありましょうか」と尋ねた時に、孔子は「それは恕《じょ》（思いやり）ということであろうか」と答えました。その意味は「己《おのれ》の欲せざる所は人に施《ほどこ》す勿《なか》れ」で、自分がして欲しくないと思うことは、他人にすべきではないということです。これも愛情です。

◆社員と社長

会社には社員と社長がいて、それぞれの立場で考え方が違います。社員は「毎日、これだけ一所懸命に働いているのに、給料を上げてくれない。賞与も少なく、休日も少ない」と嘆《なげ》いている。社長は「会社が倒産したら、社員もその家族も生活ができなくなる。自分は資金繰りや業績の向上に昼も夜も頭を痛めている。それなのに社員はちっとも積極的に働かない。もう少し持ち場、持ち場でどうしたら無駄が省《はぶ》け、効率を上げることができるか考えて励んで欲しい」と願っている。

これが普通の会社の実状です。しかし「社員は永遠に社長を変えることはできない。社長は永遠に社員を変えることはできない」と知ることです。

この状態を打破するには、社員も社長もお互いに理解と感謝が必要です。社員は仕事ができることを社長に感謝し、会社が利益を生まないと会社の経営と仕事の継続ができず、自分の給料も貰《もら》えないことを理解する。そして自らが「会社に貢献《こうけん》するにはどうすればよいか」と考える。

社長は「こんな小さな会社に入社してくれてありがたい。生《い》き甲斐《がい》のある会社づくりを目差し、お互いに切磋琢磨《せっさたくま》して、よい会社、よい人生にしようではないか」と社員に語る。

会社は一つの生命体です。活力に満ちた、よい会社とはどんな会社でしょうか。よい会社には、よい社員がいて、よい社長がいます。よい社員もよい社長も、ジコチュー（自己中心）ではなく、他者中心の生き方で、穏やかな人生を楽しんでいます。誰もが苦労に耐えて自分なりの努力をしないと、「よい人生」を得ることはできません。

今日から、一日五分間でも他者中心の生活をして、人を喜ばせることをやり続けましょう。そして、この世に生かされていることに感謝しましょう。

「幸せの種を蒔くと、幸せの花が咲く。苦しみの種を蒔くと、苦しみの花が咲く」のです。

◆二世経営者

多くの二世国会議員には、気骨《きこつ》がありません。親は血の滲《にじ》むような努力をして政治家になったにもかかわらず、その地位を何の努力もせずに受け継いだからでしょう。最近は、さらにその二世が「長老」といわれ、国会議員としてまだ在籍なさっています。

同様に経済界でも、立派な二世経営者もいますが、ひ弱な二世が多くなっていきます。私は経営者を対象とした「人生と経営を学ぶ『タニサケ塾』」を毎月一回、一泊二日で開催していますので、二世経営者を観察する機会が与えられており、その実態をよく知っています。

二世経営者を五段階でランク付けすると

①親を尊敬し、自身も明るく、先手の挨拶と社員のお手本となる行動を、朝早くから夜遅くまで実践し、社員の幸せを追求している。感謝する心を持ち、約束は、どんな小さなことでも必ず守る。

②親を乗り越えようと、次々と新しいことに挑戦している。
③勉強はするが、それを実践しない。経営にも生かさない。
④何もせず、ただ現状維持。常に消極的。
⑤親を受け入れず、部下の提言や苦言も拒否《きょひ》して嫌いな部下を左遷《させん》する。感謝をする心がなく、「根暗《ねくら》」で朝の挨拶もできず、約束事を守らない。

私の人生の師であり、㈱イエローハットの創業者である鍵山秀三郎さんが製作された映画「てんびんの詩《うた》」を観《み》られることを推奨《すいしょう》します。内容は「一人の力には限りがある。その人に力を寄せてくれる人々の総和《そうわ》こそが、力なんや」。また、商家の跡取《あとと》りに生まれた主人公に対して「一生、楽に暮らせる権利でも受け継ぐことやと思ってるのと違うか」等々、教えと感動の物語です。

理想の後継者は、親に感謝し、「経済と道徳」のバランスが取れた人です。もし、「自分には経営者としての資格がない」と自覚したら、他の人に経営を任せ、自分は「社主」として会社を見守ることをお勧めします。

最後に名言を紹介します。「人生というのは、自分の中で考えても分からない。また、知識だけでも分からないものだ。生きていて、実際、自分の身に起きたこと、出会ったことのすべてを味わうことによって人生を知ることができる。一分一秒をも大切にし、深く、広く人生を味わうべきだ。それができる人が英雄だ」。詩人、石川啄木《いしかわたくぼく》が自殺まで思い詰めた絶望の時、友人に助けられて出た言葉です。

◆松明を掲げる

集団生活の中で、リーダー役が燃えるような情熱で行動し続けると、周りの人々も引きずられて、積極的に行動するようになります。

企業も同じで、中心になる人物が、よい会社にしたいと「志」を持って、燃えるような情熱で行動をし続けることです。いわば中心人物が「松明」に火をつけ、それを掲げて走り回ると、仕事仲間の心に灯《ひ》がつき、社内が活性化します。人は灯をつけられて、初めて光を放つようになるのです。

中心人物が経営者であれば、「長たる者は部下の誰よりも損をすべし」の覚悟を持って、社員を大切にし、自分自身が「お世話役」と心得て、下働きに徹することです。豊さの中で育った若者は、命令されて行う仕事では、「やらされる仕事」となり、本当の働きはしません。若者が自発的に活動してくれるように導くには、「松明」を掲げる経営者の気配り、心配りが肝要です。それが社員の心に灯《とも》を点し、イキイキとさせるのです。

中心人物が社員であれば、自分の会社を日本一にしたいという強い「志」を持ち、与えられた仕事はもちろんのこと、挨拶、返事、即行、創意工夫などの社風づくりの先頭に立って実践をすることです。仲間の社員はその一所懸命さに共感して、協力してくれるようになります。

また、若者は、お手本になる年長者を求めています。尊敬できる人物に出会えた若者は、大きく成長し、将来に夢を持って行動してくれます。今こそ、年長者が中心人物になり、「松明」を掲げて、日本国の復活を目差して若者に元気を与えて欲しいものです。自分の持ち場周辺を明るい雰囲気にしようという「志」を持てば、経営者でも、社員でも、年長者でも、誰もが「松明」を掲げることができるのです。三年後の成長した姿を夢みて、まずは自らが「松明」を掲げ、足を一歩踏み出しましょう。ただ、世の中には「松明」を掲げても燃えない（笑）、湿った人も一割はいますので、気にかけないことです。

私は、地域社会でも会社でも「松明」を掲げる人の裏方にまわり、応援に徹していきます。

◆一事が万事

「一事《いちじ》が万事《ばんじ》」の意味は「わずか一つの物事から、他のすべてのことを推《お》し量《はか》ることができる。また、一つの小さな事柄に取り組む姿勢が、他のすべての局面に現れる」と辞典にありました。

また「自分の経験は、どんなに小さくても、百万の他人の経験より値打ちのある財産である」とも、ある方に教えられました。

私の小さな実践の一つに「ゴミ拾い」があります。その切《き》っ掛《か》けとなったのは、会社周辺の県道の側道にダンボールが散乱していたことです。あまりの酷《ひど》さに「日本の恥《はじ》」と感じ、社員さんの協力を得て拾い集めました。それ以来、ただ一人で毎朝、県道の側道のゴミ拾いを二十年近く続けています。今では、ゴミの量は格段に減りましたが、タバコの吸い殻だけは以前と同様に落ちています。

毎日、一時間弱のゴミ拾いを続けて感じたことは、道路にゴミを捨てるのは、大半が大人だということです。子供は誰も捨てません。残念ながら大人に対しては反発が恐ろしくて、誰も注意をしなくなりました。現状のままでは子供が大人になった時には罪悪感がなくなり、ゴミを平気で捨てることになるでしょう。

そうならないためには、大人がお手本を示す必要があります。教育哲学者の森信三先生は「足下《あしもと》の紙くず一つ拾えぬ程度の人間に何ができよう」。「人間が謙虚になるための手近な、そして着実な道は、まず紙くずを拾うことからでしょう」と語られています。

ゴミを捨てる人がいると批判をする前に、自らがゴミを拾うことが大切です。ゴミを拾う人はゴミを捨てなくなるのです。また、ゴミが落ちていないきれいな環境を作っていけば、しぜんにゴミを捨てる人も減っていきます。

日本人の精神性の衰退《すいたい》は大人（年長者）の責任です。美しい日本国の復活の足掛かりに、国民一人ひとりが誰でもできる、まずは足下のゴミを拾うことから始めたいものです。「一事が万事」を信じて……。

最後に名言を紹介します。

「ひとつ拾えば、ひとつだけきれいになる」（鍵山秀三郎さんの言葉）

◆成形の功徳

「成形《せいけい》の功徳《くどく》」ということについて、教育哲学者の森 信三先生は「すべての物事というものは、形を成さないことには、充分にその効果は現れない。同時にまた、仮に一応なりとも紙でまとめておけば、それがどんなにつまらぬと思われるものでも、それ相応《そうおう》の効用はある」と語られています。

当社では、二十年以上にわたり社員の皆様に「ありがとうカード」「バースデーカード」「いいね！　カード」「読書感想文」「講演会の感想文」「標語」「改善提案書」、さらに、営業の担当者には、お客様に「お礼のハガキ」等を書くことを奨励してきました。

書くことは、聞くことの五十倍のエネルギーを使うと思っています。だから成長できるのです。社員の皆様が二十年以上書き続けてきたことで身についた感性の豊かな文章が、成長を証明しています。今では、私は「日本一の上手《うま》い文章を書く社員」と自慢しています。折角掴《つか》んだ「人生の武器」は使わないと錆びるので、これからもどんどんと書き続けましょう。

私も一人の営業者として三十年間、お客様に「お礼のハガキ」を一日平均十枚は書いています。そのおかげでハガキ一枚を三〜四分間で書けるようになり、「人生の武器」として活用しています。今では頭の中に浮かぶことを、蜘蛛《くも》が糸を出すようにスラスラと書けるようになり、まさに「継続は力なり」とつくづく感じています。この「人生の武器」を活用すれば、「生きた証《あかし》」として、子孫《しそん》へ文章を残すこともできます。今までの自分を振り返り、その人生を紙面に書き綴り、子や孫への「人生のヒント」や「生きる力」を与えることができたら、最高ではありませんか。私は幸いにも多くの冊子を発行しましたが、最後の最後には「高尚《こうしょう》な文章」を書いて子や孫へ伝えるべく、今後も精進をしていきます。

驚いたことに、広報「いけだ」平成二十八年二月号で、私の伯父《おじ》（初代、村会議員）である岡村 輝《てる》が昭和四十八年に執筆編集した「芸妓《げいぎ》読本」が掲載されていました。すぐに、この「芸妓読本」を借りて読みました。その当時、商店街は夕方になると、ところどころで三味線《しゃみせん》の音が聞こえて風情《ふぜい》があり、人情もあって、よき時代でした。私も粋《いき》な伯父の影響で小唄や三味線の稽古《けいこ》をしたことが思い出されました。

私の青春時代が甦《よみがえ》り、これぞ「成形の功徳」と伯父に感謝しました。

◆ゴルフ好きの人に

私はゴルフができませんが、友人の一人は何よりもゴルフが大好きです。その友人に、私は「止まっているボールを真っ直《ます》ぐに打つ工夫をするより、押しても引いても動かない社員が積極的に動くように工夫しろ」（笑）と、思わず叫びました。そして「ゴルフを楽しんでいる時のように、楽しく明るく仕事に励んだら、会社の雰囲気がよくなって業績も上がるよ」といってやりました。この友人にゴルフで気をつけるマナーを聞きましたので、それを仕事に当てはめて考えてみました。

①ゴルフでは、自分のプレーを早く行う。
　仕事では、与えられた仕事を「即行」で処理する。
②ゴルフでは、一緒に回る人の打ったボールの行方《ゆくえ》に気を配る。
　仕事では、職場の人に気配りをし、作業に心配りをして行う。
③ゴルフでは、打数は正確に、正直に申告をする。
　仕事では、与えられた仕事を正確に行い、失敗は隠さず報告をする。

④ゴルフでは、してもらって嬉しいことをどんどん行う。
仕事では、周りの人に喜びを与え続ける。
⑤ゴルフでは、自分の後にプレーする人のことにも配慮する。
仕事では、自分の仕事を次の工程（作業）の人がやりやすいように行う。

人生は自己中心から他者中心に変わると、ますますよくなるのですが、経営者は、その経営を「社員中心」に変えると、よい社風ができます。それは、判断基準を「お金が儲《もう》かるか、儲からないか」から、「社員が喜ぶか、苦しむか」に変えるのです。経営者は、「ゴルフ大好き人間」から「仕事大好き人間」になって、いい会社を創り上げて欲しいものです。

また、二世社長は創業者の功績で、公職や業界団体の役職に推薦されることが多いと思います。そういう団体は利害関係が少ないので、やわらかい雰囲気があり、役を受けても、社員相手とは違って楽しいので、のめり込むことがあります。でも、第一義的には本職を忘れないで、「社員中心」を心掛けて欲しいものです。

◆掃除を楽しむ、後ろ姿の美しさ

当社では、毎週金曜日の朝は約一時間の掃除を全員で行なっています。ある金曜日の朝、その時に来社されていた、いその㈱の磯野正幸社長が社員の掃除をする俊敏な動きを見て感心し、帰社後すぐにＦＡＸをくださいました。

事務所の中から玄関の様子を見たら、二人の女性が楽しそうに床の雑巾掛けをしていて、真っ白な雑巾で床をガラスでも磨くようにして、丹念にやっていました。もちろん這《は》いつくばってです。よく見ると置物もたくさんあるのですが、丁寧にその置物の裏側までも磨いていました。

玄関に出て見ると、オリジナルの掃除道具が並べられており、上がり口のタイルは水洗いをされ、洗剤で磨かれたあと、モップで拭かれていました。玄関の庇《ひさし》の天井も、脚立にまたがり専用のモップで一所懸命に磨かれていました。その脚立の一番上のステップ脇には、フックがあり、スプレー式の洗剤が掛けてあり、一人でやれるように工夫がしてありました。

事務所の窓ガラスは二人一組となり、これまたピカピカに磨かれていました。一人ひとりの動きがキビキビとしていて、まるでプロの職人のようでした。今までの我々の掃除が飯事《ままごと》と思わされた瞬間です。凡事徹底《ぼんじてってい》とは、ここまでやるのかと言行一致《げんこういっち》のタニサケの皆様に頭が下がりました。（以下略）

このFAXを読み、約二十年前に、祈りの経営の㈱ダスキンの幹部の皆様が研修で早朝に来社された時、雪が降る中で当社の男性社員が嬉々《きき》として掃除をする姿を見られ、「ここまでやるのか」と大感激をされて社風を褒めてくださったことを思い出しました。

今も毎日、早朝に出社して、トイレ掃除、床磨き、草刈りなど、積極的に行う社員の皆様に「優しさ」や「いたわり」の助け合う気持ちが熟成されて、社員が本物人間となられていて、本当に嬉しいことです。やはり、当社の社員は「偉い！　後ろ姿も美しい！」。自慢のできる社風は皆様の献身的な努力の賜《たまもの》です。大感謝。

◆凡事徹底のタニサケ精神

当社の創業は昭和六十年（一九八五年）四月で、まもなく三十二年になります。縁ある皆様のおかげで経営を無事に続けることができています。

あらためて「凡事徹底のタニサケ精神」を記して、社員の皆様と共有をしたいと思います。

①明るく楽しく、元気で笑顔いっぱいの社風です。全社員に存在感があり、自信満々です。

②社員はみんな燃えています。もし、燃えない仕事仲間がいたら、自分自身があかあかと燃えて、その仲間の心に点火せねばなりません。

③「即行」を意識して、常に打てば響くように行動をします。「即行」こそが相手に感動を与えるのです。

④男性社員は早朝に出勤をして、「やらされる掃除」ではなく「やる掃除」をしています。「下座行」で他人のために汗を流す実践は素晴らしい。

⑤利他《りた》の精神で、人を喜ばすことを常に意識しています。特に営業担当者は、得意先訪問時に「プラスワンセールス」として、感動情報等を届けています。「幸福とは、縁ある人々との人間関係を噛《か》みしめて、それを深く味わう時に生じる感謝の念である」（森信三先生の言葉）。

⑥一〇〇－一＝〇（信用は約束事を一つでも破るとゼロ）。

私は命の次に大切なものは信用だと心中《しんちゅう》に期《き》しています。そして、信用を積み重ねる一つのことが、毎月一日に発刊をする社内報「フレッシュタニサケ」であります。発刊して二十七年以上経ちますが、発刊日が遅れたことはありません。発刊日を守る、これも暖簾《のれん》（信用）づくりです。

⑦優れた製品を安く作ることが大切なので、交際費は慶弔費《けいちょうひ》以外ほとんど使いません。むだな経費や交際費が、製品価格に上乗せされることとなるからです。

⑧「プロは日々進化」「アマは日々退化」という言葉があります。全社員がプロを目差して、常に職場の改善を行い、一日一日、進化を心掛けています。

凡事徹底を心掛け、謙虚な心で、石に齧《かじ》りついてでも実践をやり続けましょう。

◆日本一の知恵工場

日本ＨＲ協会発行の月刊誌「創意とくふう」平成二十三年十一月号で、二〇一一年版改善・提案活動実績調査レポートが報告されました。その中のランキング五十で、一人当たり年間奨励金額（改善提案者への支払い金額）の部門で、当社は一位となり、「十年連続一位」となりました。

当社では、平成三年十一月から改善提案活動を行なっています。私が社長を務めていたころは、社員さんと年二回、個人面談を行なっていて、社員さんに「何か要望はありませんか」と聞いていました。「何もありません」といわれたら、私は「一つだけお願いします。一か月に一枚だけ改善提案を出してください」といっておりました。

「仕事をしていて、汚い、重い、疲れるなど、何でも気付いたことを書いてください。一行でも書いたら五百円差し上げます」という制度からスタートしたのです。でも、あまりにもたくさんの改善提案が出ましたので、翌月には三百円に減らしました（笑）。

今では、改善提案が毎月二百件前後、当たり前のように出されて、しかも内容がとてもよく、二十年間の「継続の力」を感じています。

「プロは日々進化し、アマは日々退化する」と私は語っていますが、当社の社員さんは改善で一日一日「よりよく」を目差し、進化するプロ集団となっています。

他企業から工場見学に多くの方が来社されます。その見学者に、社員さんは「私の改善した仕事を見てくれ」といわんばかりに、自信のある笑顔で応対してくれます。会社勤めで大切なことは、社員一人ひとりが、その会社に自分の改善した仕事を残すこと、いい換えれば「歴史を残すこと」です。それが会社での自身の存在感となり、自信となり、笑顔となるのです。三十年も勤めて何も残せなかった社員さんは、定年後、この会社を訪ねにくいかもしれません。最低でも三つは自分の歴史を残したいものです。

当社の社員さんは、数えきれないほどの改善提案を出し、歴史を残しているので、誇りもあり、仕事に愛着を感じてくれています。しかも人間としての成長はすごいものです。

停滞する「日本国の復活」の鍵は、国民の一人ひとりが自分の持ち場で「よりよく」を目差して、改善し進化することです。そのためには、特に年長者が徳を高め、後ろ姿で手本を示す必要があります。年長者の大活躍を期待しています。


（「フレッシュタニサケ」平成二十三年十一月号より）

◆「千分の一」の工夫や努力

昭和十九年二月七日生まれ、高齢のせいか、勤務で心が折れそうになる時がたまにあります。それでも、早朝から出社してトイレ掃除等に励む男性社員の皆さんのことや、応援をされているご家族の皆様のことを思うと、布団《ふとん》の中で寝てはいられないし、会社を辞《や》める訳にもいきません。

また、今では珍しくなった、他人のために奉仕する日本の企業文化を残したいと強く思い、気持ちを奮《ふる》い起こして、当分の間は勤務を続けさせていただきます。

さて、毎日の仕事で千分の一（〇・一パーセント）の工夫や努力を一年間続けると、一・〇〇一の三六五乗で一・四四になります。即《すなわ》ち一年前と比較すると、四十四パーセントも成長したことになります。さらに三年間続けると、一・〇〇一の一〇九五乗（三六五日を三年）で二・九八となる。つまり三年間、工夫や努力を続けると、約三倍の効果をもたらすことになるのです。

私は、売り上げを増やしたいという打算的な気持ちで、二十五年前からお客様にハガキを書き始めました。今も毎月三百枚は書いています。当初は一枚のハガキに一時間以上かかりましたが、今では切手を貼って投函するまで、三～四分間でできるようになりました。しかも、受け取られる方に喜ばれる文章を意識して書くので感謝されています。ハガキを書く時に工夫や努力をした結果、成長できたのです。始めた頃の打算的な気持ちもなくなりました。何れにしても、何事にも、一日一日「よりよく」を目差した、常に一所懸命の工夫や努力が自分を育ててくれたようです。

参考までに、大リーガーのイチロー選手は、寮生活を送っていた高校時代の三年間、毎晩寝る前に十分間の素振りをしています。一年三六五日、三年間絶えず続けてきた努力によって、天才打者の素地が作られたのです。

（「フレッシュタニサケ」平成二十七年四月号より）

お笑い テーマは「文」です

社内報「フレッシュタニサケ」（ひとくちコラム）

通っている高校の「文化祭」で、女装大会に出場した息子が、優勝したとのことです。ちょっと複雑な喜びです。

（仕事嫌い）

お笑い テーマは「山」です

社内報「フレッシュタニサケ」（ひとくちコラム）

山の天気は変わりやすいので、登る時は風向きなど、気を付けなければいけません。女房の機嫌も、変わりやすいので、顔色をうかがいながら、細心の注意が必要です。まさに「山の神」です。

（仕事嫌い）

◆存在感

「理想の会社」とは、社員一人ひとりに存在感があり、楽しく働ける場ではないでしょうか。会社の中で大活躍をする人がいると、会社は進化して、よい社風ができます。その人は会社で役に立ち、「歴史」を残したことになり、それが存在感につながります。この存在感は「会社にいてもいいんだという社員の自信」といい換えてもいいでしょう。

存在感を持つには、大きな業績を上げることだけが大切という訳ではありません。たとえば、出社時、大きな声で明るい挨拶をし続ければ、明るい社風づくりに貢献できます。にこにこと笑顔で出社したら周りの人々に笑顔が伝播《でんぱ》し、笑顔いっぱいの会社になります。自分の時間を使って同僚のために汗を流す他者中心の行動は、社内に温《あたた》かい、やわらかな雰囲気を醸《かも》し出します。また、知恵を出して毎日の仕事を工夫し、少しやり方を変え、現状より一分間でも早くできるようにする。機械を少し改善し、早く楽《らく》にできるようにする等々です。

このような存在感づくりは、難《むずか》しいことではなく、それぞれが天から与えられた「持ち味」を発揮すれば、誰でも可能なのです。自分の「持ち味」が何であるか分からない人は、目の前にいる人を喜ばせようと「まず動くこと」が大切です。足を一歩踏み出す勇気によって、存在感は増していきます。

多くの人は、家庭では知恵を出して節約をしますが、会社ではその実践が少ないのです。会社の中で知恵を出すように社員の意識を変えるには、上司の気遣《きづか》い、心《こころ》配《くば》りが必要です。それが社員の「やる気」に点火し、次々と知恵を出すことになり、よい社風や一人ひとりの存在感が生まれてきます。存在感のある人が多ければ多いほど、社内は活性化して元気になります。

わが社では「改善提案制度」を二十五年継続し、多くの人が会社に「歴史」を残し、存在感を持って光り輝いています。この伝統を維持することで、「理想の会社」をお互いに求め続けていきたいものです。

目差すは、「全社員が嬉々として出社する日本一の人生道場」です。一人ひとりが、今まで以上に他者中心の行動を心掛け、存在感を高めて、活躍されることを期待しています。名言を紹介します。
気骨ある校長が先生たちにいった言葉です。**「存在感なき者は去れ」**

◆乾いた雑巾を絞る

この文章は第二二二回の一泊二日の体験研修「タニサケ塾」に参加された方の感想です。

> 今までの私の人生の中で最も刺激的な二日間でした。特にタニサケの改善提案は大変素晴らしかったです。「改善」というとトヨタ自動車のような「乾《かわ》いた雑巾を絞《しぼ》る」という悲壮感が漂うようなことを想像しますが、タニサケは全く違っていました。「社員が元気になる改善」「社員が生きる改善」で、工場見学はとても楽しかったです。（以下略）

参加者の感想文に「乾いた雑巾を絞る」という言葉があります。現場を知らないマスコミが、この言葉を会社が現場の作業者をイジメているかのように捉え・非難したことで、悪い言葉として世の中に広がったのでしょう。この言葉は、会社の経営にケチをつけるのが目的のようにも思えますが、私は「改善無限・知恵無限」への挑戦を表す言葉だと思っています。

トヨタ自動車は、「カイゼン」をやり尽くした後に出現した「乾いた雑巾」ともいえる困難な壁を、全社員がさらに知恵を絞り出して突き破り、「世界のトヨタ」になったのです。その「カイゼン」は、一人ひとりの成長につながり、トヨタの成長につながったのだと私は確信しています。

常に現状不満足という意識を持って仕事を行うと、次々と気付きが出て「改善」が可能になるのです。「改善提案」を出せば出すほど成長できます。このことは、一か月に一人十件以上の提案をする当社の社員さんの大活躍で証明できます。

ただ、「社員が元気になる改善」「社員が生きる改善」ができるようになるには五年以上かかりますので、経営者が社員を褒めて育てるということと、たとえ「改善」で失敗をしても許すことが大切で、あくまでも社員の成長を信じることです。

「濡《ぬ》れたままの雑巾を干《ほ》す」ような経営者は、猛反省をして「改善」を推し進め、壁にぶち当たったら、この言葉「乾いた雑巾を絞る」を思い浮かべて挑戦して欲しいものです。社員の成長は会社の成長です。乾いた雑巾を絞るからこそ、大きく成長できるのです。最後にひとこと。**「改善は苦しい、されど、その実《み》は甘い」**

お笑い

社内報「フレッシュタニサケ」(ひとくちコラム)　**テーマは「文」です**

文字を覚え始めた子供。「茶碗蒸し」と「むしパン」は大好き。「ダンゴむし」はどんな味がするのかと聞かれてしまい、苦慮中です。

(アルクマ)

お笑い

社内報「フレッシュタニサケ」(ひとくちコラム)　**テーマは「文」です**

菊池寛の言葉です。「純文学でも大衆文学でも、人にたくさん読まれるのが肝心である。読まれない文芸などは、純文学だろうが何《なん》だろうが結局は飛べない飛行機と同じである」。毎月、発刊の「フレッシュタニサケ」が飛べない飛行機にならないよう精進します。

(笑楽)

第4章

感謝

◆タニサケ塾

「タニサケ塾」は全国の中小企業の経営者を対象にした、一泊二日の無料体験研修です。毎月一回開催し、研修内容は山登り（四十分程度）、健康教室、トイレ掃除、洗車、朝礼、気功・功法、ストレッチ体操、工場見学、講話などです。最近は社員と一緒に参加される経営者が多くなりました。

平成二十八年六月五日、六日の第二百四十回「タニサケ塾」が無事に終わり、毎月一回の開催で、二十年間続けることができました。

これは社員の皆様や参加企業のご協力のおかげです。私は塾の開催を通して多くの学びと恩恵《おんけい》をいただきました。

①二百四十回を一度も休まずに続けられたことは、塾の運営に支障をきたさないように健康に留意《りゅうい》して、食事、運動、休養に気をつけたからで、七十二歳になった今でも、とても元気です。

②参加者の皆様に「仕事と人生の極意」を伝えるため、多くの良書を読んで学び、私の体験と合致《がっち》した点を語ることができ、自分自身の成長にも繋《つな》がりました。
③参加者の皆様をお世話をする毎回のおもてなしで、多くの気付きがあり、「優《やさ》しさ」「いたわり」「他人の痛みを感じる」という、本能ではない、助け合う気持ちや行動をあらわせるようになりました。

参加者の方は、経営者、管理職、社員、教育関係者などで、最近は女性も増えています。塾の基本は「仕事と人生」なので、最近は次のようなことを伝えています。

①塾での目的は「それぞれ置かれた立場で、いかに知恵を出すかを学ぶこと」
②充実した一日にするヒントは、一日に何回「心から笑ったか、幸せを感じたか、感謝したか」
③不本意な仕事を指示された時、「成長のチャンスだと捉えて、日々修行だと思って挑戦をする」

④成長するには「人を喜ばせる。即行。一日一日を『よりよく』前向きに生きる。明るく、楽しく、おもしろくを意識して、職場で行動する」
⑤日頃、心掛けることは「他者中心の生き方。人より少し余分に努力する。思いやり。早い出社」

「タニサケ塾」を主宰《しゅさい》する私への最大の報酬は、
①参加企業が穏やかで温かい社風になることです。
②参加者が「自己中心」から脱却して「他者中心」の生き方に変わり、イキイキと前向きな人生を楽しまれることです。
（『フレッシュタニサケ』二十八年八月号より）

タニサケ塾参加者の感想文

これまで「他者中心」に生きること、他人に迷惑をかけないことを信条に歩んできたつもりでしたが、タニサケ塾を体験して自分の未熟さを痛感致しました。
松岡会長が自ら示していただいた「挨拶」「気遣い」「約束を守る」ことの大切さ、「愛されていないと人は耳を傾《かたむ》けてくれない」（相手に非《ひ》はなく問題は自分にある）など、真っ直ぐ心に響きました。
「改善無限・知恵無限」のタニサケ様での実践を見て、継続の重みを実感しました。また、「奥の院」までの三十三の祠《ほこら》に家族や職場の仲間の顔を思い浮かべながらお参りすると、何て多くの人に自分は支えてもらっているのかと、感謝の気持ちを抱《いだ》きました。生き方を見つめ直すとともに、向き合ってどう変わるか、私の修行がスタートしました。

（以下略）

…………三重県／コープみえ　理事長　西川幸城さん

松岡会長の深い言葉のシャワーに、二日間、心地よさを覚えたのは私だけだけではなかったと思います。その言葉の一部です。
・参加者の塾での目的は「それぞれの勤める会社で、いかに知恵を出すかを学ぶこと」です。

・何をやっても一切《いっさい》手抜きをせず、意識を高めて楽しむ。

・一日に何回、心から笑ったか、幸せを感じたか、感謝したか。充実した一日にするヒントです。

・不本意な仕事を指示された時、自己の成長のチャンスだと捉え、修行だと思って挑戦する。

・お客様のためにではなく、お客様の立場に立って行動する。

・いうことは易《やす》く、行うことも易く、だが心遣いは難しい。

・人生の価値は、その人が得たものではなく、その人が与えたもので測《はか》られる。

（以下略）

……………愛知県／㈱イトコー　社長室　リーダー　村井一博さん

「タニサケ塾」に参加させていただき、人生の師匠、松岡会長と出会えたことに、感動と感謝の気持ちで胸がいっぱいです。

会長のお教えで、商売には人間性（道徳）と経済合理性（算盤）とがある。この相反《あいはん》する二つのバランスが大切なこと。そして、そのバランスを保つことは簡単でないことを学びました。そのため、掃除などの作法を、しっかり行い、日々精進することが大切であると教えられました。

愛情あふれる松岡会長の指導、役員の方による細部に及ぶ優れた仕事の仕方の共有、そして社員の方のあったかい「おもてなし」に、心の中で感動の涙を流しました。

朝食の手作りの「おみそ汁」と「おにぎり」は、おいしかったです。ごちそうさまでした。心よりお礼申しあげます。（以下略）

……………愛知県／㈱美里花き流通グループ　社長　櫛田篤弘さん

こんなに晴れ晴れとした気分になったのは、いつ以来だろうか。とてつもない充実感、満足感でいっぱいです。その思いをどう実践するかを考えた時に郵便局に立ち寄り、ハガキを二十枚購入し、家に着くや否《いな》や、縁のあったすべての人にハガキを書きました。ハガキや手紙、メールなどの文章全般が大の苦手である私が気持ちを込めて書いたのです。

研修は、失敗の連続からのスタートでした。集合時間ぎりぎりの五分前にバスへ乗車したり、バス内でメモを取らないで会長のお話を聞き始めたりで、注意を受けるところから始まりました。どちらも相手がどう考えているかを深く察する力が私には足りませんでした。今後は必ず実践する覚悟を持ち、人として同僚や生徒から頼りにされる人間になります。（以下略）

岐阜県立瑞浪高等学校　教諭　安田貴彦さん

初日のバスの車内でお話いただいた若い人たちに向けての言葉は、これからの私の公務員としての働き方、人生の上での指針になりました。

「即行」「他者中心」といった、意識を変えることですぐできるものは、すぐ実践し、「寝る時間を減らす」「人を喜ばせる訓練」といった、時間をかけて変えていくものは、これから意識して変えていきます。

最も印象に残ったことは、華厳寺の参道にて会長が道端のゴミを拾っていらっしゃったことです。素通りする人が多い中、会長のゴミを拾う姿は自然体になっていました。

「変えられるのは自分と未来しかない」という言葉も大変心に残りました。自分が変わることで周囲によい影響を与えられると信じ、職場改善や市民サービスの向上を図《はか》っていけるよう、がんばります。

（以下略）

…………………………………………静岡県／湖西市役所　主事　山下太洋さん

初日のバスの中での講話は、どれも興味深い内容で、無我夢中でメモを取り続けました。なかでも「社長の仕事は現場を知ること。現場に足を運び、自ら社員の位置まで降りていき、社員に近付くこと」というお話は、現場から遠ざかっていた私の心に深く染《し》み入りました。

また、「人を喜ばせる実践を本能でできる人は少ない。小さなことでもやり続け、習慣化しようとする訓練によって、徐々に他者中心の生き方ができるようになる」と教えていただき、利他《りた》に生きることの難しさを思いました。同時に、自分の我《が》の強さに悩んでいた私には、一筋《ひとすじ》の明るい光が見えたようで、強い想いを持って修行していこうと、勇気が出ました。

工場は整理整頓、そして清潔で、心より感心しました。環境整備はすべての基本であることを改めて痛感しました。（以下略）

……………………神奈川県／㈱マエカワケアサービス　社長　前川有一朗さん

◆楽しむ力

論語に「子曰《しいわ》く、之《これ》を知る者は、之を好《この》む者に如《し》かず。之を好む者は、之を楽しむ者に如かず」とあります。

意味は「孔子がいわれた。学問も、ただ知るという程度で学ぶ人よりも、好きだから学ぶという人のほうが上である。好きで学ぶという人より、学ぶことが楽しくてたまらないという人の方がさらに上である」という意味です。

これは、勉強に限らず、仕事でも芸事でもスポーツでも共通する教えです。楽しむことにより、無限の可能性が出てきます。

一泊二日の無料体験研修「タニサケ塾」のお世話を二十年間続けさせていただいて、「楽しくてたまらないこと」を体感しています。楽しくお世話をしていると、しぜんと参加者に喜びを与える気配り、心配りができて、楽しさが参加者に伝播します。その結果、全参加者の明るい雰囲気の中、生き生きと楽しむ体験研修ができるのです。

「九十九度は熱湯《ねっとう》ではあるけれども、未《いま》だ液体だから蒸気機関車は動かせない。あと一度上がって百度になると、蒸気になって重い機関車をも動かす力が出る。この一度の違いの味を意識しながら仕事をすることです」（Mランド、小河二郎会長談）

「やらされる仕事」は苦しみですが、「やる仕事」は楽しみです。そして人間的成長も得られますので、同じ仕事をするなら楽しみながら「やる仕事」をして、一度の違いの味を噛《か》みしめてみたいものです。九十九度は世の中に多数いる普通の人、百度は世の中から尊敬されるリーダーで、これ以上ないという「無上意《むじょうい》」の努力をする人です。

私はトイレ掃除の仕方を説明する時、便器に付いた「水あか」をサンドメッシュ（網目状のサンドペーパー）でこすり落とすには、こするのを九十九回で止《や》めないで、「水あか」が落ちるまで粘り強くやることだと伝えています。

仕事の取り組みには、燃えるような情熱（百度）と、できるまでやり続ける根気が必要です。その根源となるのは「楽しむ力」です。勉強を、仕事を、そして人生を、大いに楽しみたいものです。

◆縁ある人の魂に点火を

当社で毎月開催している一泊二日の無料体験研修「タニサケ塾」は、二十年間続けて、平成二十八年十月で二百四十四回となりました。最初の頃の参加者は、全国からの経営者のみでしたが、最近は各社の社員の皆様も参加されるようになり、年齢も二十歳から八十歳までと幅が広がりました。

塾の最後には、参加者の方にこんなお願いをしています。「この『タニサケ塾』

では、初日に西国三十三所観音霊場《さいごくさんじゅうさんしょかんのんれいじょう》の最終札所《ふだしょ》である谷汲山華厳寺《たにぐみさんけごんじ》に参拝をしました。今、ここで変わらなければ永遠に成長できませんので、帰社後の明朝からは、いつもより五分だけでも早く出社して、人を喜ばすことを続けて行い、成長を目差してください。具体的には掃除、挨拶、ハイ！　という返事などを実践することです」と。

塾長である私自身が、自分の人生に対して真摯《しんし》で、なおかつ特に開催する二日間、ど真剣に、後ろ姿で伝えていかねば参加者の魂に点火することができません。後ろ姿の教育とは、参加者に「これほどまでに」と思われる下座行を、当たり前のように、たんたんと行うことであると確信しています。もちろん、当社の社員の皆様が笑顔と優しさに満ちた応対をしてくださることが不可欠です。

塾終了後、魂に点火した参加者が、明るく笑顔で、やる気満々で帰られる姿を見て手応《てごた》えを感じる昨今《さっこん》は、塾が楽しくてなりません。塾の翌日には「即行」で参加者の皆様から感想文が届き、それぞれが実践の決意をし、仕事にも、人生にも覚悟を決めて精進すると書いてあり、嬉しくなります（毎月発刊している社内報の「フ

レッシュタニサケ」で、タニサケ塾参加者の感想文をご覧ください）
「縁《えん》ある人の魂に点火を」は、たった一人にでも魂に点火できればよいという、私の祈りでもあります。
振り返ると、私自身が塾開催のお世話をして、楽しみながら一番大きな恩恵を受けています。それは参加される皆様から逆に学んでいるからです。
たとえば、皆様のよいところは真似《まね》をして取り入れ、悪いところは自分を見つめ直す手がかりにしています。おかげさまで、一回一回の塾の開催が私を成長させてくれたようです。

◆フレッシュタニサケ
★有料の社内報「フレッシュタニサケ」
社内報「フレッシュタニサケ」が平成二十六年九月号で三百号となりました。よくぞ続いたものだと、我《われ》ながら感激をしています。これは何よりも多くの皆様が応援してくださったおかげであり、感謝でいっぱいです。どうして続けることができたのか、その秘訣の「こだわり」を列記《れっき》しました。

①発刊日厳守……発刊日を「ゆるがせにしない」。必ず守り、毎月発刊予定日の前日までに届ける。これで毎月、薄紙を一枚一枚積み重ねるような信用（暖簾）を得ることができます。

②人生の応援……読者の皆さんのお役に立てるよう、人生や経営のヒントとなる記事を多く掲載する。

③外来語禁止……外来語（カタカナ）を使うと、読者の受け取り方がそれぞれ違い、的確《てきかく》に伝わらないので、できるだけ日本語に訳《やく》して掲載する。

④積極志向……常に積極的で明るく楽しい前向きな紙面を心掛ける。

⑤原稿の推敲《すいこう》……原稿はよく推敲をして掲載する。書いた人が喜ぶような上手《じょうず》な文章にすると、次も投稿をしていただける。

⑥誤字・脱字をなくす……誤字、脱字等の間違いは「タニサケの恥」と思い、何度も読み返し、校正をする。

⑦**紙面の空白を作らない**……空白部分がある場合は、文章を工夫して埋《う》める。空白部分にカット（小さい挿《さ》し絵）を安易《あんい》に入れると、紙面作りの「逃《に》げ」につながる。

⑧**手を抜かない**……各記事の隅々まで気を配る。

⑨**笑顔**……読者の気持ちがよくなるよう、笑顔の写真を掲載する。

⑩**編集長次第**……燃えて日夜《にちや》努力をする、当社の高木則夫さんは名編集長です。

⑪**有料**……「フレッシュタニサケ」は有料です。年間千五百円で全国の皆様に購読してもらっています。無料だと開封もせず、ゴミ箱に入れられる恐《おそ》れがあるからです。**「日本で唯一の有料の社内報である」**ことを誇りにしています。

まとめ

常に知恵を出し、工夫して社内報づくりを続けることで「進化」してきました。会社の経営も同じで、知恵を出し、工夫するとよくなります。社内報づく

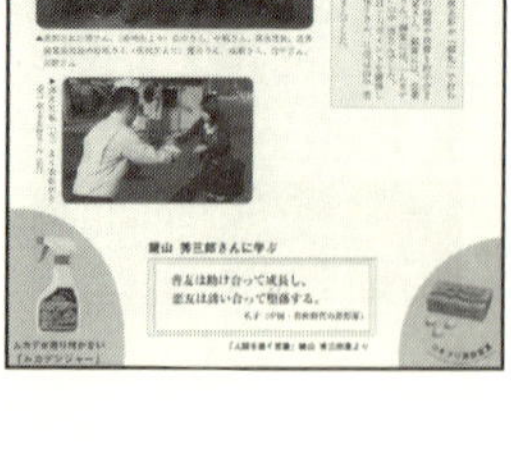

りは、実は経営の勉強でもありました。読者から「フレッシュタニサケ」への感想ハガキが毎月二百枚ほど届きます。これは社内報委員の「やる気」につながります。私は感謝して、必ず返信をしています。

今後も読まれた後に「元気と勇気と爽《さわ》やかさ」をもたらす社内報を目差します。

◆海外からタニサケへ！

海外から多くの方が研修に来社されます。その一例をご紹介します。

★中南米より工場見学

とても寒い中、中南米（ブラジル、コロンビア、エクアドル、エルサルバドル、メキシコ、ペルー、パラグアイ、ベネズエラ）から二十五名の方が来社されました。

㈶海外産業人材育成協会主催の「中南米リーダーシッ

「念ずれば花ひらく」の石碑の前で記念撮影をする中南米研修生と私（前列右端）と竹嶋さん（前列左端）

プ研修コース」の研修生の皆さんで、当社の改善活動の実態を見学されました。その後の私の講話では、盛んに質問をされ、リーダーの心構えなどを多く学んでいかれました。

○㈶海外産業人材育成協会　飯田　真弓さん（引率者）

研修生は、とても深く感銘を受けていたようで、松岡会長の経営に対する考えは国境を越えて伝わる、人間にとって普遍的《ふへんてき》な考えなのだと感動しました。このような体験を多くの研修生にお伝えいただけることは、この上ない喜びでございます。何卒、今後ともご指導賜りますよう、お願いいたします。　（以下略）

○中南米研究生の見学後の感想文（一部）

・創意工夫が「ものづくり」に生かされ、よき価値観が業績に繋《つな》がるというよき例です。祝福します。お時間をいただきありがとうございました。（ペルー）

参加された皆様に、リーダーとして大切なことを伝える私

竹嶋さん（右端）の改善事例の説明を熱心に聞かれる中南米の研修生の皆様

・価値観や心が何よりも大切で、しかも高い業績を出している。信念ある人の企業が「この世」に存在することを知りました。（ベネズエラ）
・ご経験や毎日の改善活動をうかがえて、とても嬉しかったです。（コロンビア）
・今日から私の人生は変わります。教えを実践します。お話しをありがとうございました。（メキシコ）

★大韓商工会議所様がご来社

平成二十八年十一月二日、韓国から大韓商工会議所の三十名の方が来社されました。見学では社員から提出された提案によって社内の隅々まで改善が行われていることに感心をされていました。また、玄関通路の「人生訓の書」や「トイレ」の写真を盛んに撮られていました。

その後、会場を大垣フォーラムホテルに移し、私の講演を聴かれました。講演では、初めに、川柳で会場の雰囲気

「念ずれば花ひらく」の石碑の前で記念撮影をされた大韓商工会議所の皆様と私（前列左端）

が和らぎ、続いて人生のヒント、仕事に立ち向かう姿勢、そして経営者としての心構え等を学ばれました。

参加された皆様に学ぶ意欲が強くあり、講演の後、多くの質問が出され、たいへん盛り上がった講演会となりました。

○嬉しいお便り

帰国後に嬉しいお便りが届きましたので紹介します。

通訳の方と息がピッタリで楽しく笑顔で講演をする私。（右）

松岡会長のお話は、どこかで勉強をしてきて、それを理論的に説明するのではなくて、会長自身の体験談で、そのお話を聴き、大きな感動が胸に響きました。

「会長といっしょなら、できないことなんてないんじゃないか」という気がするほどでした。偉大な目標を立てるのではなく、小さいことから計画を立てる。そして、何よりも実践が重要であり、途中で放棄するなら始めるなといわれました。社員が幸せに働けるように、常に上に立つ者が感謝の挨拶をする。

このことは誰もが知っていて、難しいことではないのに、実践がうまくいかないのです。

「会社を経営する者は、常に謙虚で前向きな思考で感謝するように」との会長の平凡な言葉が胸に深く突き刺さりました。これは、会長の経験から染《し》み出た哲学が込められているからだと感じました。（以下略）

㈱セシン産業　社長　シン・ギョンオクさん

※ここには記事として掲載できませんでしたが、インドネシアから十九名、タイからは二十七名の方が研修に参加されています。

★岐阜掃除に学ぶ会　―児童に、生徒に生きる力を―

平成二十八年七月三日（日）に第百二十五回「岐阜掃除に学ぶ会」が、岐南町立東小学校で開催されました。参加者は、児童、保護者、棚橋智仁校長をはじめとした先生、日本ウエストン㈱の皆さん、そして当社からは、高木さん、臼井さん、私で合計六十三名でした。

トイレ掃除は、蒸し暑い中、八か所のトイレで行いました。一年前にも本会で掃除をしましたが、それ以降、便器を磨かれた形跡がなく、とても汚れていました。しかし、汚れは一年分だったため、サンドメッシュで簡単に落ちました。ただ小便器の尿石は、除去に苦戦しました。

二時間の実践でピカピカになったトイレを見て、参加者の皆さんは笑顔いっぱいになりました。

実践後の発表会で、児童は「やっているうちに手袋を取って素手《すで》で行なった」。「ピカピカになった便器を見て嬉しくなりました」。保護者は「初めての参加で不安だったが、小便器を磨いているうちに、もっと綺麗《きれい》にという欲が出てきた」。「いっぱい汗をかいて心もスッキリした」

最後に全員で記念撮影

親子で便器を磨きました

先生は「便器を磨き続けていると、綺麗にすることが楽しくなりました。この掃除の大切さを、子供たちにしっかり伝えていく」などと述べておられました。

★親孝行物語　―親孝行は、感謝の心の大本―

当社は、平成六年以降、毎年三月に「親孝行手当」として全社員に一万円を支給し、親孝行を勧めています。その親孝行が企業に花咲く「孝心」の種、親孝行教育実践企業として「道経塾」（モラロジー研究所発行）の紙面でも紹介されました。

・**素直に感謝**

両親といっしょに生活をしております。普段いっしょにいると「ありがとう」が恥ずかしくて、素直にいえない自分がいました。後から「あの時いっておけばよかった」と思っても遅く、後悔をしています。親孝行手当を利用して、両親の喜ぶものをプレゼントして親孝行をします。

矢野奈都美

・義母を元気に

私の両親はすでに他界し、現在は義母が九十歳で、元気に一人暮らしをしています。でも最近は、一人でいるのが寂《さび》しいらしく、私が仕事に行っている間は、妻が、わが家へ義母を連れてきて、二人でワイワイと楽しく話をして、夕方には満足して帰っていきます。妻に、義母との会話の時の「茶菓子代」として親孝行手当を渡しました。

高木則夫

・父に、よりいっそう親孝行

親孝行手当をいただけて、両親が喜びそうなものを考えて贈り、父と母の喜ぶ顔を見て私も嬉しく思いました。昨年、母が他界し、思い出に残っていることは、三人で食事に行ったことです。毎日慌《あわただ》しく過ごす中、久々の親子水入らずで懐《なつ》かしい思い出話に花を咲かせながら食事を楽しむことができました。これからは、母の分も父によりいっそう親孝行をします。

高野由美子

第5章

先達に学ぶ

●歴史に名前を残した「先達」に学ぶ
●人間的魅力いっぱいの「先達」に学ぶ

歴史に名前を残した「先達」に学ぶ

四十歳までの私の人生は「仕事と遊び」のいずれもが情熱的でした。

しかし、その情熱は一歩誤れば傲慢《ごうまん》であり、「自己中心」の生き方でした。

その生き方を変えてくれたのは、谷酒茂雄さんとの出会いとタニサケの創業でした。

そして、鍵山秀三郎さんをはじめとする創業経営者の方々との出会いでした。

まさに「邂逅」ともいえるこの出会いが、「自己中心」から「他者中心」へ、という、その後の私の生き方を変えたのです。

この章では、当社が発行する『歴史と人物に学ぶ』（第2集）に登場する歴史上の人物の中から、四人の人物を選びました。

まずは、**清水次郎長**《しみずのじろちょう》。若い方には馴染《なじ》みがないかも知れませんが、昭和の時代には映画や講談、小説によく登場しました。

「師と仰《あお》ぐことができる人との出会いは、人生を変えることができる」

この言葉にぴったりな人物として選びました。恥ずかしながら、若かりし頃の自分と次郎長をダブらせたのかもしれません。

博打《ばくち》打ちの親分でしかなかった清水次郎長が、後世に「海道《かいどう》一の大親分」と謳《うた》われるようになったのは、彼の義《ぎ》侠《きょう》心《しん》にほれこんだ山岡鉄舟《やまおかてっしゅう》との出会いがあったからです。常に命のやりとりがある、やくざの親分であるからこそ、「死ねば仏だ、官軍も賊軍もあるものか」と幕府側の死者を弔《とむら》ったのです。

明治時代の日本人の代表として**金子賢太郎**。そして、昭和の時代の日本人代表として**今村　均**《ひとし》、この二人を選びました。外交官であり、軍人である、この二人の共通するところは、「日本精神にあふれた日本人らしい日本人」ということです。

「正直で、勤勉で、約束を守る。なおかつ私事より公《おおやけ》を優先する」これが「日本精神」です。日本人の「お手本」として、この二人の人物を知っていただきたいと思い、紹介しました。

「個人の生き方と会社経営」においては他の追随《ついずい》を許さない人物が**沼田恵範《えはん》**です。お寺の子として生まれた彼は、仏教聖典を日本中に、さらには世界中に配布するという「大志」をいだき、その事業を実現するために会社を創業しました。

沼田恵範の人生を描く『賢者《けんじゃ》の一燈』という書籍にある「たとえ命が燃え尽きても仏教という平和の燈火《とうか》を後世に残せれば……」の一節は、私のタニサケを経営する基本姿勢と共感するものがあり、励まされます。

清水　次郎長
（山本　長五郎）

◆死ねば仏だ、官軍も賊軍もあるものか

「海道一の大親分」といわれた清水次郎長は、現在の静岡市清水区に生まれ、長五郎と呼ばれていました。母の弟である山本次郎八の養子となり、次郎八のところの長五郎、すなわち「次郎長」と呼ばれました。

やくざ時代の次郎長は、いかに浪花節《なにわぶし》などで美化《びか》されたとしても、博打・けんか・殺人など、決して褒められた存在ではありませんでした。

ところが明治維新の際、幕府の軍艦咸臨丸《かんりんまる》が清水港内で停泊したところを官軍の攻撃を受け、乗組員が惨殺《ざんさつ》され、死体が海に棄《す》てられる事件が起きます。次郎長は子分に命じ、厳しい官軍の目を盗みながら、小舟を出して月明りを頼りにその死体

を集め、巴川《ともえがわ》東岸に手厚く埋葬供養《まいそうくよう》し、翌年には「壮士墓《そうしのはか》」を建立《こんりゅう》しました。

このことで次郎長は取り調べを受けますが、「死ねばみな仏《ほとけ》だ、仏に官軍も徳川もない。仏を葬《ほうむ》ることが悪いというのなら次郎長はどんな罰《ばつ》でも喜んで受けましょう」と答えたのです。

このことをあとで聞いた大参事《だいさんじ》（県の副知事のようなもの）山岡鉄舟が次郎長の義侠心《ぎきょうしん》に深く感心し、これが機縁となって鉄舟が明治二十一年（一八八八年）に亡くなるまで、二人の親交が続きます。

鉄舟の感化を受けてからの次郎長は、もう昔の次郎長ではありませんでした。有度山《うど》の開発、三保《みほ》の新田《しんでん》開発、富士の裾野開墾《すそのかいこん》など、さまざまな社会奉仕を行なったり、英語教師を招いて青年の英語学校を始めたり、また東京大学医学部を卒業した植木恵敏と渡辺良三を清水に招き、済衆《さいしゅう》医院を開設したりして、清水港の発展繁栄にも尽くしました。

駿州《すんしゅう》政財界のご意見番にして元県議会議長を務めた村本喜代作は、「次郎長は山岡鉄舟との出会いがなかったらここまで大物になれなかっただろう」という言葉を残しています。

信念を持って地域に貢献した次郎長の後半生《こうはんせい》は、真に偉大であったといえます。

※清水 次郎長（しみずの じろちょう・明治二十六年〈一八九三年〉没・七十四歳）

金子 堅太郎

◆親友は持つべきものだ

金子堅太郎は嘉永《かえい》六年（一八五三年）福岡藩の足軽《あしがる》の家に生まれましたが、明治に入り旧藩主黒田公の援助で米国に留学。ハーバード大学で法律を学び、帰国後新政府に出仕《しゅっし》します。元老院権閣《げんろういんごんかく》の総理秘書官に就任、のちに大書記官に昇格。

この頃、北海道視察の後に、網走《あばしり》刑務所の囚人《しゅうじん》を北海道の開拓や道路建設に従事させるように提案しました。

彼の大きな功績は、伊藤博文《ひろぶみ》を助けて大日本帝国憲法・皇室典範《てんぱん》・諸法典の草案を起草したこと、そして、日露戦争の時にハーバード時代の学友だったセオドア・ルーズベルト大統領の支援を得て、米国の世論《よろん》を日本の味方につけ、外債募集にも成功、さらに親友の小村壽太郎《こむらじゅたろう》の片腕として講和実現に尽くしたことなどが挙げられます。

農商務相・司法相を勤め、明治維新史の編纂《へんさん》にも力を注ぎました。ハーバードでは小村と同じ下宿で貧乏な学生生活を送り、一つのベッドに二人で寝ていたほどです。

日露戦争の開戦が決まった時、伊藤に呼ばれ対米工作を頼まれます。海軍大臣の山本権兵衛《やまもとごんのひょうえ》も、陸軍参謀本部次長の児玉源太郎も、金子の人脈で適切な時期に、米国が仲裁《ちゅうさい》に入るよう働きかけて欲しいという依頼です。

その翌日、家の前が騒がしいので何事かと思ったところ、皇后陛下（昭憲皇太后）

が金子邸にお見えになったのでした。お使いではなく皇后御本人です。驚いてお迎えすると、「大変なことだろうが、あなたが行ってくれないとどうにもならぬ難しい仕事なので、ぜひお願いする」とのお言葉に、金子は感激して奮《ふる》い立ち渡米《とべい》するわけです。

この時に頂戴したお菓子は家族だけでなく、邸《やしき》に宿泊していた出征前の将兵二十名にも分《わか》ち、彼らは二年後一人の戦死者もなく無事に帰還でき、皇后様の恩徳《おんとく》に感謝したとのことであります。

金子は生涯にわたり、日米友好のために尽力しており、ハーバード大学から憲法制定等の功績により名誉法学博士号を受けています。

※金子　堅太郎（かねこ　けんたろう・昭和十七年〈一九四二年〉没・九十歳）

今村　均

◆最悪に対処して最善をつくす

不敗の名将・昭和の聖将と呼ばれた今村　均大将は、明治十九年（一八八六年）仙台に生まれました。寝小便たれと病的な居眠りの少年が、軍人の道を選び、短所を克服して努力精進を重ね、人格を磨き上げていきます。

昭和十七年、ジャワ派遣軍《はけんぐん》司令官としてジャワ島を占領、敵軍だったオランダ人にも、現地民のインドネシア人にも、温かい占領政治を行い、神のごとく尊敬思慕《しぼ》されました。素晴らしい実績を残し、同年十二月にはラバウル方面軍司令官に転じます。

この時、今村は宮中に召《め》され、特別に天皇陛下から「なんとかガダルカナル島の将兵を救出してくれるように」との内命《ないめい》を受けました。当時ガダルカナル島では、わが軍は食料の補給が続かず、言語に絶した苦戦で、全滅に瀕《ひん》していました。

任地のラバウルに急行した今村は、海軍の山本五十六《いそろく》連合艦隊司令長官と協力して、一万七百人の将兵を、餓死《がし》寸前の島から助け出します。アメリカ軍はこれに全く気付かず、奇跡の撤収《てっしゅう》作戦といわれたほどです。

その後、今村はラバウルを文字どおり難攻不落《なんこうふらく》の地下要塞《ようさい》に作り上げ、食料自給体制までも確立したので、アメリカ軍はついにラバウル攻撃をあきらめたといいます。相手につけこむ隙《すき》を全く与えなかったのです。

終戦後、いわゆる戦犯として、巣鴨刑務所に入りましたが、今村は、ラバウルの旧部下らが戦犯として収容されているマヌス島へ自分を送り返すよう占領軍に幾度も要請し、その態度にＧＨＱ司令官のマッカーサーは「私は、今村将軍が旧部下戦犯と共に服役するため、マヌス島行きを希望していると聞き、日本に来て以来初めて武士道に触れた思いだった」といい、要請を許可し、今村は同島に戻りました。旧部下を含め四百人の人々は涙を浮かべ今村を迎えました。今村は苦難を分ち合ったのです。

部下とともに現地刑務所で十年の獄中生活の後、自宅の庭に三畳ほどの謹慎小屋を建て、そこに籠《こも》って戦没者の冥福《めいふく》を祈りながら過ごしました。
※今村　均（いまむら ひとし・昭和四十三年〈一九六八年〉没・八十二歳）

沼田　惠範

◆一人が始めなければ何も生まれない

国内外のホテルに必ずキリスト教の聖書《せいしょ》がおいてあり、信者は旅の一夜を聖書とともに心静かに過ごします。同様に仏教の聖典もおかれているホテルも増えていることに、お気付きの方も多いでしょう。キリスト教の聖書の場合、ギデオン協会という団体が、明治から今日まで、日本だけでも二億冊を配布しているとのことです。仏教聖典の場合、誰が思い立ち、寄贈を始めたのか、意外に知られていません。それを一人で始めたのが、沼田惠範という人物であります。

沼田惠範は明治三十年（一八九七年）広島県のお寺の子として生まれ、大正五年渡米、苦労しながらカリフォルニア大学バークレー校大学院を卒業します。勉強とアルバイトを両立させるため、一日四時間しか眠らない生活の中で、日本の精神文化をアメリカに、西欧に、世界に伝えたいと強い志を抱きます。

統計学を専攻した彼は、帰国して内閣資源局に勤めますが、四年間で役人を辞め、精密測定機器製作の会社を創業。試行錯誤《しこうさくご》の日々を続けながら国産初のマイクロメーターを完成させました。順境も逆境もありましたが、三豊製作所（現㈱ミツトヨ）は敗戦の痛手も克服、創業から五十年にして世界のミツトヨに躍進したのです。

ミツトヨの社員の基本姿勢

一、古きが故《ゆえ》に尊きに非《あら》ず、会社草創《そうそう》苦難の時代を共にし、今日の発展に寄与せられたからである。

二、新しいからとて遠慮はいらない。また新しいからとてよいのでもない。どれほど会社の発展に役立つかである。

三、古い伝統を守り、新しい改善をとり入れて、古きと新しさとが調和してこそ、真のゆるぎなき発展がある。

昭和四十一年十一月吉日

社長　沼田　惠範

人のため、社会のため、国のためになり、なおかつ儲《もう》かる仕事という、彼の初心は立派に実現し、個人で始めた仏教聖典の配布は、今や仏教伝道協会の事業として、国内外に八百万冊以上が普及しました。その他、大蔵経《だいぞうきょう》の英訳や各国の主要大学に「仏教講座」を開設等、惠範の志は世界に生き続けています。

※沼田　惠範〈ぬまた　えはん・平成六年〈一九九四年〉没・九十七歳〉

人間的魅力いっぱいの「先達」に学ぶ

私が古希《こき》を過ぎても今なお、心身ともに充実し、「生き甲斐《がい》」を持って一日一日を過ごすことができるのは、多くの方々のお陰だと感謝しています。

私は多くの皆様から学んでいます。そのなかでもとりわけ、私の「会社経営」や「生き方」の基本を教えてくださったのが、創業経営者といわれる方たちでした。

四十代で「人生の大勝負」をかけた私にとって、人間として魅力いっぱいのこの「先達《せんだつ》」との邂逅はまさに「天の配剤」でした。

そのなかで、三人の「先達」を紹介させていただきます。

松谷義範《まつたによしのり》さん。経営の真髄《しんずい》を私に教えてくださった「真の経営者」でした。詳細は本編（P142～）にゆずりますが、私が松谷さんに感謝していることの一つは、

「人生の書」との出会いを作ってくださったことです。「売り手よし、買い手よし、世間よし」の〈三方《さんぽう》よし〉という商人の精神を教えてくれたのが『近江商人魂《たましい》』（童門冬二）です。この書籍から、「社会の中で商売が成り立っている」という意識を持つことを学び、利益を社会に還元していく大切さを学びました。『上杉鷹山《うえすぎようざん》』（童門冬二）からは、人の上に立つ人間のあり方、人を動かす人間の極意とは何か、危機を乗り切るリーダーの条件を学びました。

これらの書籍の解説をしていただきながら、松谷さんと過ごした時間は私にとって至福《しふく》のひと時でありました。

西端春枝《にしばたはるえ》さん。「春枝ちゃん」は私にとって天使のような女性《ひと》です。とにかく、とても不思議で、とてもユニークで、めちゃくちゃおもしろくて、そして、とっても庶民的なのです。何と表現していいものか分かりません。でも、そんなかにも、つねに「凛《りん》」とした姿、品格があります。

本編（P153〜）で紹介している『母の後《うし》ろ姿』を読むたびに、春枝ちゃんとお母様の生き様《ざま》に感動してしまいます。今も女性経営者のリーダーとして活躍されていますが、お会いするだけでこちらが楽しくなってしまいます。

著書『縁《えん》により　縁に生きる』の一節、「商売の道も人の道も基本は〝愛〟」「お客様への〝奉仕〟に喜びと夢を託そう」「小さい店より、正直でないことを恥じよう」。この言葉は、経営者としての私の胸に響きます。

横内祐一郎《よこうちゆういちろう》さん。とにかく笑顔が素晴らしい人です。その笑顔と明るさは、その場にいる人すべてを喜ばせます。

「みんなで一緒にやろう。〝社長の会社〟ではなくて、みんなが〝自分の会社〟といえるような会社を創ろうじゃないか」

これは、横内さんが苦境に陥《おちい》った会社の社長になった時に、社員に話した言葉です。とにかく横内さんは、「社員を大事にすること、社員を喜ばすこと」をいつも考えていらっしゃいます。「立派な人間を作りながら、ギターを作る」。これが横内さんの「経営哲学」といってもいいかもしれません。

笑顔と明るさを私に教えてくれた横内流の経営は、タニサケの社風づくりの原型になっています。

—松谷 義範さん

（東邦薬品株式会社　創業者）

プロフィール
明治四十四年、北九州市若松生まれ。昭和七年、旧制第一高等学校卒業。昭和十一年、東京帝国大学文学部西洋哲学科卒業。昭和二十三年、東邦薬品㈱設立。代表取締役社長に就任。平成三年、取締役会長。この間、昭和四十五年〜昭和六十年、㈱日本医薬品卸業連合会副会長。昭和六十一年、勲四等瑞宝章受章。平成八年、七月六日没（享年八十五歳）。

私は松谷義範社長との出会いを、今でも鮮明に覚《おぼ》えています。時は、タニサケ創業期（昭和六十三年）に遡《さかのぼ》ります。

今では、うそのような話ですが、「新幹線の車両にゴキブリ大発生」という新聞記事を目にした私は「これはいける！　千載一遇《せんざいいちぐう》のチャンス！」とばかりに〈ゴキブリキャップ〉を新幹線の車両に置いてもらおうとJRを訪問したのです。

果敢《かかん》な商談（？）が功を奏して採用が決まりましたが、わが社の製品をJRに納入するためには、商社を経由する必要がありました。

そこで、ＪＲから紹介されたのが、東京の医薬品卸売業の大手である東邦薬品㈱でした。当時の社員数が二千人、売上高が二千億円の上場企業でした。

東邦薬品㈱側に新規の取引を申し込むと、何と担当者から「取引を開始する前に、弊社社長の松谷と面談をしてください」と連絡があったのです。

当然ですが、松谷社長がどのような人物でいらっしゃるかを調べました。

経歴を見ますと、「東京大学西洋哲学科を卒業、三十七歳の時、学校で学んだ理論を実証したいという想いから、経験や知識もないまま、資本金三十万円、社員七名で創業。以来四十年間で遅刻はただの一回きり、クリスチャンで七十七歳」ということが分かりました。

私は、この方の前では「本音で話そう」と覚悟を決めました。何をいっても見透かされそうだと直感したからです。

面談当日。松谷社長、東邦薬品㈱の担当者、そして私の三人は、社長室で会談をしました。松谷社長との最初の出会いの瞬間でした。

松谷社長はご高齢でしたが、考え方が柔軟で、感性が豊かで、包容力を持った人だと私は感動すら覚えたのです。安心をして、肩の力を抜いてタニサケの考え方などを話すことができました。

松谷社長が好意的であった背景には、ＪＲに「新幹線の車両に五百万円分（約十万個）のゴキブリキャップを使いたい」といわしめた私に、たいへん興味を持っておられたことも影響していたようです。

ところが、私の第一声は、「私は薬屋さんとは取引をしたくありません。取引代金の支払いは約束手形で、返品は当たり前、しかも販売価格はいい加減です」と述べました。

松谷社長のご返事は意外でした。「君は変わっている。薬屋の私の所へ来て、よくそんなことというね。でも、君は正直だし面白いから、取引をしよう。支払いは現金で、返品はしない。販売も安定した価格で行う」といっていただけました。

松谷社長は、私の矛盾《むじゅん》する発言、整合性のない話に対してとても寛容《かんよう》でした。

その寛容さから、松谷社長の考えの一つである「生きているこの生身《なまみ》の人間が、今日一日、いささかも他の人を悲しませることなく、その上、わずかでも他の人を幸福にすることができたとしたら、それは何と素晴らしいことではないでしょうか」という言葉が思い起こされます。

この言葉の通り、私は東邦薬品㈱との取引を始めることができました。

取引開始後には、ますます松谷社長の人間としての幅、度量の大きさを感じました。

その後の私は、この方を「人生の師」として仰ぎ、毎週、上京して教えを受けるようになりました。中でも松谷社長の書物にたいする造詣《ぞうけい》が深く、『上杉鷹山』『近江商人魂』などの名著を、訪問するたびに紹介してくださいました。これは、私にとって初めて体験する喜びでもありました。

ご自宅での昼食会にも時々招待されるようになり、イエローハット創業者である鍵山秀三郎さんとご一緒する機会もありました。松谷社長と鍵山さんが意気投合し、お二人の会談は文字通り〝快談〟となりました。この「人生の達人」お二人による〝快談〟は、傍《そば》で耳にする私にとって刺激に満ち溢れ、大いなる学びの機会でもありました。

松谷社長のご指示で、その後は、東邦薬品㈱の全国にある支店を巡り、ゴキブリキャップの商品説明会を行い、普及に努めました。

その私の行動力が評価されたのか、東邦薬品㈱では「G・C（ゴキブリキャップ）事業部」まで立ち上げてくださり、その年だけでも六千万円もの取引をしていただきました。

松谷社長（当時）に教えられたこと

「人はどんな時にも救われなければならない」

松谷社長は、社員が自己都合で退社して他企業に転職した場合でも、もう一度、東邦薬品㈱で働きたいと希望する元社員がいれば、「無料で社外留学をして、世間を知って帰ってきたのだ」として、喜んで受け入れておられました。

そして、その証明として出戻り社員の内、三名の方が取締役までになられたのです。

このことは、松谷社長の理念の一つである、「救済と再生」を象徴する好例といえます。

私は「退社を申し出る社員を怒って送り出しては二度と戻ってこない。むしろ、その社員を思いやる優しさの姿勢が大切だ」と学びました。

私が松谷社長からお聞きした話ですが、ある時、東邦薬品㈱の社員が借金で行き詰まり、解決策を見つけ出すことができないまま松谷社長に相談をしたそうです。

大企業にもかかわらず、社長が一社員と面談すること自体が驚きです。

その社員は、バブル最盛期に土地の売買で多額のお金を手にし、それでゴルフ会員権や株を投機《とうき》目的で購入していました。ところがバブルが弾《はじ》け、すべてが半値になってしまい、彼は膨大《ぼうだい》な借金を背負い込んでしまったのです。

その彼を救ったのはまぎれもなく、松谷社長の人間性でした。「会社には何ら迷惑をかけていない」「真面目に仕事と向かい合っている」このことに、松谷社長は救われた想いがしたとおっしゃっていました。人間の本質を見極めることができるのも、松谷社長だからこそです。

本来ならば見放すような場合でも、再生への一歩を踏ませてあげたい。どうにかして本当の意味で生きて欲しいと願う。他人であっても、幸せを第一に考えるような自己犠牲をいとわない方だと、私はつくづく感じました。

これこそ、キリスト教精神に基づく行いであると感銘しました。

「できない」を認める

松谷社長は、「できないことは、できない」といえば、「できたことと見なす」という考え方を持っておられました。

「できないことはできないといえば、できたと見なす」という考えは、企業経営をしようと真剣に考え、悩んだ末に到達した一つの原則であるとおっしゃっていました。

元来、日本人には「命令を受けた以上、最後まで死力を尽くして努力する」という武士道から培《つちか》われた倫理観があります。そうした精神があるので「できない」と報告することは、その倫理観に反する行為であり、自己否定になり、苦痛以外の何ものでもないことを、人の上に立つ者は認識すべきなのです。

松谷社長は、改めてそのことを教えてくださいました。

私は、この言葉を守り、社員には「できる」、「できない」をはっきりと聞くように心掛けています。

このようなことは、企業内の日々では当たり前のように起きています。

立場が低くなればなるほどに、「できないと報告をすれば皆に迷惑を掛けてしまう」と考えてしまいがちです。ちょっとした気遣いかもしれませんが、適時に報告する機会を失ってしまっては、企業として大損失を招いてしまうかもしれません。

まさに、企業内悲劇といっても過言ではないのです。

日本人が宿《やど》す精神（武士道の倫理によって培われてきたもの）が大きく影響しているという松谷社長のお考えにも、たいへん共感を覚えました。

「明確に『できない』という報告ができる環境ならば、現代社会で仕事をする良心的な社員の多くは救われるはずです。また、企業の成長にもつながり、関わるすべての人たちが大きな失敗や過失を犯《おか》さずにすむのでは」との松谷社長のお考えに、私は共感しています。

松谷社長は、つねに社会の発展を進めることに、幸福を感じていらっしゃるお方です。

社員の足を洗う僕

相性の悪い社員はどこにでもいます。

松谷社長は、「自分を中心にして、社員を敵、味方」と意識せず、相性の悪い社員ほど可愛がることを心掛けられました。

経営者である以上、求められる条件として、不公平なく社員と接することに忠実であるということを、徹底されていたことは確かです。

経営者として、全社員に無限の愛情を注《そそ》いでおられました。

クリスチャンである松谷社長は、「主人たる者は、すべての僕《しもべ》でなければならない」とのイエスの教えを守られ、「自分は会社を支配するために社長をしているのではない、社員の成長を助けるために会社にいるのです」といわれていました。

松谷社長の経営思想は、まさに学生時代にキリスト教を勉強されたことに起因しているのです。

社長は会社に「君臨《くんりん》する」のではなく、社員一人ひとりの「足を洗う僕」のような行動をすれば、不公平もなくなり、いい社員が育っていくと、学んだことを実践されたのです。

ただし、「目的があって社員の足を洗ってはいけない。見え透《す》いてしまっては、人を動かすどころか、感動すら与えることはできない」と警鐘《けいしょう》されています。

私は、この教えによって、「経営者というものは相性の悪い社員を味方にする能力が必要なのだ」ということを学びました。

それからは、社員に対しては、あくまでも謙虚な心で接するよう心掛けています。

最後に、松谷社長から私あてのお手紙の一節を紹介させていただきます。

「あなたと鍵山さんとがコンビになって、日本中を駆け巡《めぐ》っているような思いに満たされます。また、あなた方のおかげで佐藤一齋《いっさい》の言志録《げんしろく》のみならず、今回お目にかかった方によって安岡正篤《やすおかまさひろ》氏について、私は本腰を入れた勉強に誘われたわけであります。
　ともかく、お二人は素晴らしい人です。本当によい意味で私の生活を掻《か》き回し、そして、新しい感動を与えてくださっているのです。どんなにか同じ短い人生であっても幅ができ深みができ、そして、高く高くされていくような思いに満たされます。原動力は松岡さん。あなたはすごい人です」

私の宝物ともいえる、この手紙は平成五年二月十五日の日付となっています。
松谷義範社長は、平成八年七月六日に残念ながらお亡くなりになりました。

――西端　春枝さん
（株式会社ニチイ創立に参画）

プロフィール
大正十一年、大阪生まれ。昭和十六年大谷女子専門学校卒業。戦後、夫とともに天神橋筋商店街で雑貨屋「ハトヤ」を開業。後にスーパーのニチイ創立に参画し、数々の役職を経てニチイの名誉社員に。一方、叔母の後を継ぎ、浄信寺副住職を務める傍ら、商業界ゼミナール全国女性同友会の名誉会長として活躍。

私には、二十年来の「憧《あこが》れの女性がいます。その方は、大阪の浄信寺《じょうしんじ》副住職の西端春枝さんで、憧れと同時に尊敬もしています。

九十五歳になられた今でもなお美しく、頭脳明晰《めいせき》で、しかも明るく楽しいお人柄に魅《み》せられています。

今では、親しみを込めて、〝春枝ちゃん〟と呼んでいます。春枝ちゃんの周りには、いつも笑いがいっぱいです。

それは、彼女が相手を気遣いながら、笑顔で真理をつく苦言を呈《てい》されるからです。その春枝ちゃんの「真言《しんごん》」を受けて、素直に反省する西端ファンが大勢います。

実は、私もその一人で、自称「西端門下生」です。

春枝ちゃんは、大正十一年（一九二二年）、大阪市西区九条（当時・九条村）の浄土真宗大谷派勝光寺の長女として生まれました。小学校を卒業した昭和九年（一九三四年）、阿倍野台に新設された大谷学園にお母様の強い希望で入学されました。

そこで、生涯の師・左藤義詮《さとうぎせん》先生と巡り会われました。

春枝ちゃんは㈱ニチイの創業者と後日なられる、西端行雄《にしばたゆきお》さんと昭和二十一年（一九四六年）年に結婚されました。

戦後、お二人は共に教師でしたが、行商《ぎょうしょう》に転じ、四年後に売場が一坪半の衣料品店「ハトヤ」を開店。その十四年後に㈱ニチイを設立、十三年間で東京、大阪、名古屋の各証券取引所一部に株式上場をされました。

「仏《ほとけ》の商人」と呼ばれた西端行雄さんは、商《あきな》いに「人の心の優しさ」を追い求めた慈愛《じあい》の商人でした。

西端行雄さんはすでに他界されており、残念ながら、私はお会いしていません。

春枝ちゃんは、ご主人のことを誇らしげに、「お客様のために生涯を捧《ささ》げた人」とおっしゃっています。

ハトヤ創業時、たとえトイレがなくても、ガスがなくても、どんな時でも……主人と一緒にいたい。そして、何がなんでも這《は》い上がるのだ、と強く願ったそうです。

救いの言葉

エリザベス女王とフィリップ殿下の結婚式で述べられた、カンタベリー大僧正《だいそうじょう》の言葉があります。

「神が今、お二人にくだし給《たも》うとまったく同様の恩寵《おんちょう》が、北海の荒磯《あらいそ》に漁《すなど》る貧しき漁夫夫婦にもあることを、どうかお忘れないように」

春枝ちゃんは、この言葉を左藤先生ご夫妻の銀婚式でのメッセージとして知ったそうです。

皆さまは、どう感じられるでしょうか。

春枝ちゃんは、「心の中にある何かを揺《ゆ》さぶられました」と。

頬に伝わる涙

ご縁があり、春枝ちゃんは篤志《とくし》面接委員をされています。

篤志面接委員とは、刑務所に出向いて罪を犯した人たちの悩みや相談に耳を傾け、出所後の助言をするボランティアのことです。

面接のたびに思うのは、「皆、人の親の子」であるということだそうです。

春枝ちゃんの根底には、母なくしてこの世に生を受ける人は誰ひとりいない、という考えがあります。刑務所には、出所を待ちわびる受刑者が大勢います。

そういう人たちの心に寄り添い、心の奥底に眠る仏性《ぶっしょう》にまばゆい光を照《てら》さんばかりに念じられている春枝ちゃんは、その後、行く都度《つど》「お母さん、お母さん」と、受刑者の一人ひとりに叫んでもらうそうです。

「受刑者本人だけの中に居《い》る母親の姿をはじめ、大切な人に向かって祈るとき、頬《ほお》を伝わる涙こそ、自戒《じかい》への一歩である」とは、春枝ちゃんの志そのものです。

尊い存在

春枝ちゃんから聞いたある園児の話です。ある幼稚園に通うユウくんは全盲でした。

周りの子供たちは、そのことを全員が知っています。

子供たちは、ユウくんのことを気遣い、進む先に散らかるおもちゃを皆が必死で片付けます。いつも手探りで遊ぶユウくんを、誰ひとり見捨てていないのです。

何もしないことが悪いと分かっていても行動できない大人とは違い、子供たちは立派に行動を起こします。

何も見えない友のために……ユウくんが歩き出すと全員が手を止め、進む道を片付けるのです。

春枝ちゃんは、思わず状況を思い浮かべ、胸いっぱいの想いを募《つの》らせたそうです。

大人がよくいう、「かわいそうに」とは、その人を見下げたものなのです。
ユウくんは、優しい友に囲まれた尊い存在だったのです。

母の後ろ姿（春枝ちゃんが語られたこと）

これは、私の生涯忘れることのできない出来事です。それは、一坪半の「ハトヤ」を開店して間《ま》もない頃のことでした。実家の父が私たちの店を訪ねてきてから間もない某日《ぼうじつ》、母がやって来たのです。多分、父から私たちの生活の模様を聞いたためだったのでしょう。母が突然に「ハトヤ」の店先に立ったのは、夕方近くでした。

私は母に心配をかけたくなかったので「天神橋」の店を開店したこともいっていなかったのです。突然の母の来訪に正直戸惑いました。今の生活は見られたくもないし、見せたくもありませんでした。「ああ、なんという生活をしているのだろう」可愛い娘の生きるための悪戦苦闘ぶりを目《ま》の当たりにして、愕然《がくぜん》としたに違いありません。

そんな母の思いなどに心が回る余裕など私にはありません。私の心の中では「早く帰ってくれればいいのに」と思っていた矢先に、「春枝、今夜は泊めてもらうね」といって奥の部屋で孫と遊んでいました。「ところでお便所はどこ？」と尋ねられたのです。さあ困った、と思いましたが、今さらどうなるものでもありません。水道も便所もない生活を送っていたのです。そんな生活を送っていることなど、とても実家には報《しら》せられなかったのです。

当時、私たちは国鉄（現ＪＲ）天満駅の便所を借りていたのです。もう隠しておくことはできませんでした。それに足の悪い母に、天満駅のお便所に行ってとはいえません。

「お便所ないねん」と答えると、咄嗟《とっさ》のことで「これで、してちょうだい」と、目に入ったバケツを指差したのでした。一瞬、母はたじろいだ表情をしたものの、さすがに、「こりゃ、おもしろいね」といって、音を立てて用《よう》を足してくれたのです。

その翌朝のことです。突然、朝ごはんも食べずに「用事があるので帰る」という母を私と主人の行雄とで、天満の駅まで送って行ったのです。現在の天満駅と違って、当時の天満駅のホームは、一直線に長い階段で上って行くようになっていました。「それじゃ、無理せんと、西端さんも気をつけて……」「お母さんもお気をつけて……」。母と私たち夫婦との間の短い別れの挨拶です。朝はまだ早く、靄《もや》が立ち込めています。

「それじゃね」といって、母は私たちに後ろ姿を見せて階段に足をのせます。一段、一段、また一段と母は上って行きました。母は振り返らないのです。

その時でした。傍《そば》の行雄が、「春枝、よくお母さんの背中を見ておくんだ。滝のような涙を流しているに違いない」と、呻《うめ》くような声でいったのでした。

母は泣いていたのです。頬《ほほ》を伝わる涙を流れるままに、二人に見せまいとして、階段を上っていることに私たちは気付いていました。私は黙って頷《うなず》きました。

その後、この母の後ろ姿を、私は何度思い浮かべたか知れません。無限の慈愛を背中で語りながら上って行った母の天満駅。その時に、行雄は「このままでは……必ず……お母さん」と、誓ったのでした。彼が私に「お母さんの後ろ姿を、しっかり見ておくんだぞ」といった言葉は、とりもなおさず行雄自身に対するものにほかならなかったのです。

私は、この母の後ろ姿をバネにしようと思ったのです。

「西端春枝著『縁により縁に生きる』ぱるす出版より」

日本の宝

春枝ちゃんは、立場上、多くの人と接する機会があります。

これまで記《しる》してきた心揺《ゆ》るがす話も、これからますます増えていくのだと思います。今でも「商業界」の講師や「雑巾を縫《ぬ》う会」の会長など、〝超〟が付くほどにお忙しい毎日を過ごされています。

春枝ちゃんは、間違いなく「日本の宝」です。

春枝ちゃん、これからも、ご健康とご長寿を心から祈っています。

——横内　祐一郎さん

（フジゲン株式会社　創業者）

プロフィール
昭和二年、長野県生まれ。十年近い農業経営を経て、三十二歳で富士弦楽器製造㈱（現・フジゲン㈱）を創業し、専務取締役となる。昭和四十四年代表取締役社長、昭和六十一年会長に就任。創業僅か二十六年間で、アメリカ、ドイツの会社を追い抜き、世界一を不動のものとする。ジョン万次郎二十年の会会長。「新老人の会」（全国会長・日野原重明）信州支部世話人代表。

平成六年（一九九四年）八月。

長野県松本市にある世界一のギターメーカーであるフジゲン㈱の横内祐一郎会長を、イエローハット創業者の鍵山秀三郎さんとご一緒に訪問しました。

私と鍵山さんとは、東邦薬品㈱の松谷社長のお手紙にあった通り、コンビとなって「先達」との出会いを求めて日本中を駆けめぐっていたわけです。

思い起こせば、私も五十歳そこそこの「若僧」でしたから、この偉大なお二人に直接お会いして、しかもインタビューをしたのですから冷や汗ものでした。

私自身が幼くして母親を亡くしていたこともあり、このお二人の幼年時代やご母《ぼ》堂《どう》のようすをお聞きしてみたく巻頭から「お母様から受けた影響」をインタビューすることとなったのです。

当時、私が要約をしたものを紹介させていただきます。

横内さんは「お前は、お母さんのように頭がよいから、何をやったってできるのよ！」と、いわれたことや、「髪を振り乱して働く母の姿をみてきたことです」、と語られました。

鍵山さんは「『お前たち（兄弟）は、才能もなにもない。だからひたむきに働くよりない』といわれたことや、炎天下に荒地を鶴嘴《つるはし》を持って切り拓《ひら》く母の姿をみてきたことです」と語られました。（以下略）

お二人とも「母親から受けた影響が何よりも大きかった」といわれていました。

先生からの言葉

横内さんは教職に就《つ》きましたが、その職を辞《じ》さなければならない事情がありました。

農地改革によって、農業をやる人がいないと田畑が没収されるのです。母から「農業をやって欲しい」と頼まれたのです。

教師をやりながら上の学校への進学という希望はありました。しかし、母のいうことを聞かないと罰《ばち》があたると信じ、また先祖より受け継いできた財産を母の代でなくしてはいけないと心を決め、教師の道を断念したのでした。ちょうど、二十歳の春のことです。

慣れない農業をやり続け、十二年という年月が流れたある日、横内さんは今の自分の境遇に希望が持てず、半ば投げやりな想いで街に出ました。そこで、偶然にも高校時代の恩師に出会いました。先生が一番気になることといえば、もちろん、教え子が「今、何をしているのか」ということです。

「横内君、今、何をやっているのだ?」と恩師に聞かれた時、来る日も来る日も希望が持てない悲しみ、苦しみ、現在の心境を全部吐《は》き出したのです。

その時、先生のいった言葉は意外なものでした。

「学校では、一流の人間になることを教えてきたのに、なんでお前はそんな弱音ばかりをいうのだ」と一喝《いっかつ》されたそうです。

その言葉を聞いた瞬間、横内さんは目が覚めた思いでした。それからは、「一流の人間になりたかったら、一流の人と付き合え」という教えをしっかりと胸に受けとめ、自分を成長させるために、常に一流の人との出会いを求めるように自分を変えたのです。その後、三十二歳の時に富士弦楽器製造株式会社（現・フジゲン㈱）を創業しました。

アメリカへ

横内さんを知る上で、創業時のアメリカ出張での出来事はまさに感動の物語です。東京から講師で来られた先生から、「これからの日本が生きる道は工業化社会だ」と教えられ、農業をやめ、小学校の三年先輩の三村 豊氏との出会いを経て、楽器作りのフジゲン㈱を立ち上げ、軌道に乗りはじめた三年めのことでした。

今から四十年も前に、自社のギターを数本抱えて単身ニューヨークに渡ってからの壮絶なる「アメリカ物語」は、あまりにも有名です。

その実話については本にもなっているので、ここでは簡単に紹介します。横内さんには、数々の挫折《ざせつ》を乗り越え、人生を自らの手で切り拓き、成功に導いた「信念」と「行動力」がありました。

当時、専務だった横内さんは、三村社長から呼ばれました。

「横内さん、ニューヨークへ行って、うちで作ったギターを売ってきてくれないか?」と三村社長に真顔でいわれました。

「英語ができないから、とても無理です」と断る横内さん。

三村社長は身を乗り出して、横内さんをじっと見て、「人間は、何のために生きている。ああしたい、こうしたいという自分の思いを実現するために俺たちは生きている。夢を描けるのは人間しかいない。それを目差して行動しない限り夢は手に入らない。横内さんならそれができる」と。

三村社長の熱く語る夢にぐんぐん引き込まれていったのです。

「それなら行かしてもらいます」と横内さん。

三村社長、横内専務の二人は、とてつもない夢を描いてしまったのです。

昭和三十九年（一九六四年）、横内さんは単身アメリカに渡ることになり、別れ際、三村社長は小声で、「ギターが売れるまで帰ってこなくていいからね」といったそうです。羽田空港から太平洋を一気に越え、ニューヨークに着きました。すぐに、アパートを根城《ねじろ》にアポイントの電話をかけました。しかし、これは簡単なようで、そうではなかったのです。それからというもの、何度挑戦しても、さっぱり駄目で、すっかり落ち込んでしまいました。

三か月も過ぎた頃、セントラルパークのベンチに座って、一人で泣いていました。視線を上げると、ちょうど、アメリカ大陸の地平線に太陽が沈んでいくところでした。大きくて真っ赤な太陽が、グラングランと揺《ゆ》れながら沈んでいく光景。

思わず地平線の向こうに母の姿が見えたのです。堪《こら》えていたものが一挙に爆発して、「母ちゃーん、助けておくれや！」と、叫んでいました。溢れる想いを抑えようとすればするほど、泣き声は大きくなっていきます。

次の瞬間、「ホワーイ、アー、ユー、クラーイング」〈なぜ泣いているのですか?〉白髪の紳士の声がして振り向くと、包み込むような優しいアメリカ人がいました。その表情を見た途端、腹の中から熱いものがグーンとこみ上げてきました。気がついたら、その大きな身体の紳士の胸にすがりついていたのです。

こうして知り合ったアメリカ人の紳士の家に連れて行かれ、二週間、目の覚《さ》めるような素晴らしい英語の特訓を奥様から受けました。今まで、どうしてこんなに英語が分からなかったのだろう……と思うほどに上達しました。

悟《さと》りが開けたような不思議な気分になり、まるで別人になったようで、見える景色が明るく一変しました。おそらく、アメリカ人紳士とその奥様は、横内さんに宿る明るい性格に気付いていたのでしょう。そして、横内さんの素直に聞き入れるという姿勢が、前向きな人生を後押ししたに違いありません。

英語を話せるようになったことをきっかけに、ニューヨークで初めて注文が取れました。その日の帰りは、お祝いにタクシーを使いました。

悠悠《ゆうゆう》と流れるハドソン川のさわやかな川風を受けて、リバーサイドドライブをアパートに向けて走りました。その後、ボストン、ワシントン、シカゴ、セントルイス、ヒューストン、ダラス、マイアミ、ニューオーリンズを三週間かけて売り歩き、二十万ドルの注文を取ることができました。横内さんの明るい性格が、アメリカの風土にぴったり合ったのです。

感謝の気持ちに気付いた時

仕事を投げ出さずに困難に立ち向かったことにより、活路を切り開いた横内さん。喜びを体いっぱいに感じ、ギターの将来が明るいことも確信し、日本に向かう飛行機に乗りました。

この頃のニューヨークは燃えているような紅葉に彩《いろど》られていました。

遠ざかっていく街並みを窓から覗《のぞ》き込むと、見ず知らずでありながら声を掛けてくれた白髪の紳士に対して、感謝の気持ちが湧《わ》き上がり、思わず涙が溢れ、視界をにじませました。

脳裏《のうり》に映《うつ》し出される困難な日々。しかしそんなことよりも、彼らに対する感謝の気持ちに胸を締め付けられたのです。

成功を祈ってくれていた母。厳しいけれどいつも愛の鞭《むち》をあてていてくれた三村社長。これらの人たちが、夢を支えてくれていたことは確かです。

この喜びを教えてくれて、ありがとう。

そう胸の中でいうと「喜びと感謝」はワンセットだったということに、改めて気付かされたのです。

単身アメリカに行ってしまった横内さんを、一番に支えていたのは奥様であったことは間違いありません。

注文が取れず、持ち出した手持ちの五百ドルが底を尽きそうな時、奥様からの手紙が届いたのです。手紙とともに、なんと、日本のお札で五万円が入っていました。

手紙には、「日が暮れるまで田んぼで働いて帰ると、腹が減ったと子供たちが騒いで大変だ」など日常生活のことが、めいっぱいに書いてありました。しわくちゃな紙に滲《にじ》むインク。それを読んで、大粒の涙がポロポロ落ちてきました。「女房のほうがずっと、ずっと、苦労している」と思ったら、身震いし力が湧いてきたそうです。

このような体験をされた横内さんから、直接お話を伺《うかが》えたのですから、私は果報者です。

最後に、インタビューでの「横内語録」の要旨《ようし》をまとめてご紹介します。

松岡　喜びと幸せとは……。

横内　神様の意図は〝喜んで生きろ！〟です。神の意志に添うように喜びと充実感を持って過ごしています。つまり、心地《ここち》よさを求めて、人生を楽しんでいます。また、幸せは他人よりもたされるものであり「他力」であります。

松岡　感謝について……。

横内　喜びと感謝は、ワンセットであります。目の前にいる人、相手からもたらされるものです。

松岡　気付きについて……。

横内　人生に明確な目標があると、その目標に沿《そ》うために気付くようになります。物事を成し遂げてくれるのは相手が七割、自分は三割ですからね。ハガキを書く時、相手のことを七割書いて喜んでもらうよう努めています。

松岡　謙虚さについて……。

横内　人生は謙虚さがすべてです。人間は調子づくといいことがありません。耳障《みみざわ》りな言葉（自慢話）を発しないよう気をつけています。冷静な女房のおかげで、舞い上がる私を押さえてもらっています。

横内さんと鍵山さんのインタビュー（P163）を終えてからの私の言葉です。感謝と喜びに満ち溢れているようです。

「ご両親から受けられた明るく、素直な性格と日夜の真摯《しんし》な生き方が、ご両名を〝素晴らしい〟人物に築き上げたことを確信しました。日本を代表する創業経営者のお二人が、謙虚そのものでいらしたことも嬉しいことでした」

第6章

対談「生き方の極意」

鍵山秀三郎&松岡　浩

松岡　浩（左）・鍵山秀三郎氏（右）

〈略　歴〉

鍵山 秀三郎（かぎやま ひでさぶろう）

昭和八年、東京に生まれる。戦災による疎開先の岐阜県立東濃高校を卒業後に上京し、自動車用品会社に入社。三十六年、ローヤルを創業。平成九年、社名を㈱イエローハットに変更。十年、同社相談役となり、二十二年、退社。創業以来続けている掃除に多くの人が共鳴し、「日本を美しくする会」を発足、同会相談役。

著書に『凡事徹底』（致知出版社）、『掃除道』（講談社）、『エピソードで綴る鍵山秀三郎の美学』（PHP研究所）、『正しく生きる』（アスコム）、『凜《りん》とした日本人の生き方』（モラロジー研究所）等多数。

歴史と道徳を忘れた日本人

松岡：私が〝人生の師〟と仰ぐ鍵山さんと対談の機会をいただきましたことに感謝いたします。昨今の日本社会と日本人のあり方にとても疑問を感じています。この機会に、これらのことについて鍵山さんにお話いただければと思います。

鍵山：こちらこそよろしくお願いいたします。松岡さんとは、たしか平成十九年に、『私が変わる　日本を変える』という表題で対談させていただいていますね。

ところで、松岡さんの疑問というより懸念《けねん》でしょうが、それはどんな点でしょうか。

松岡：私は、これから何十年後の日本ということを考えた時、学校や家庭で頻発《ひんぱつ》する事件を見聞きするたびに、暗澹《あんたん》たる気持ちになります。

日本の社会はどうなってしまうのか、日本の教育はどうなっているのか、まずは日本の教育についてお話いただきたいのですが。

鍵山：今の日本社会の世相《せそう》は、たしかに憂《うれ》うべき状況ですね。

たとえば、世界から称賛されてきた日本人の美徳である「正直、勤勉、約束を守り、公共心は比類なきもの」といったことが風化しつつあります。むしろこれらの美徳が、無駄であり、役にも立たない、とされてきていることです。

松岡：その風潮は、日本中の家庭、学校に広がりつつあります。何故こうなってしまったのでしょうか？

鍵山：よく「今の日本は、政治や経済が悪い、教育も悪い、だから社会も悪い」といわれますが、実は、元になる「人間が悪く」なっているのです。

社会の問題ではなく、「人間の質」の問題なのです。

では、なぜ人間の質が問題になってしまったのか。

そもそもの原因は、日本の教育から「道徳」を消したことにあります。

これが一番の大問題です。そして、歴史を神話から教えていないことでもあります。神話は史実としては正しくないかもしれません。このことは誰でも知っています。ただし、それは、どの国でもそうです。

それでも、神話、伝説、民話というのは、その国の民族性と国民性をよく表しているのです。だから、神話を大切にしている国家では、子供たちは小さい頃から親しんで読んでいるので、民族としての立ち位置がしっかりしています。

　日本においても以前は、私たち日本人は神話などから学んで、「私たちはこんな祖先のもとに始まり今日がある事を知り、自《みず》ら脈々と語り継がれた民族の歴史を知る」ようになったのです。

　かつて世界に称賛された、勤勉、誠実、忍耐、といった日本人の美徳も神話から始まる歴史を学ぶことによって、しぜんに身に付いたわけです。

　それを今の教育は全部奪ってしまいました。だから、以前には考えられないような浮《うわ》ついたとんでもない事件を起こす親、子供が増えたのです。日本人が世界に誇るべき美質と独自性（遺伝子）が失われてしまったということです。

　かつてあったその日本人の民族性を、問答無用に忌《い》み嫌う諸外国の「顔色」をうかがい排除してきたのが、あの日教組（日本教職員組合）という集団で、日本人を「根無し草」にする教育を戦後一貫して推《お》しすすめてきたのです。しかも文部科学省も教育委員会も、日教組の活動を黙認し、放置し続けてきました。

松岡：私も今の知識優先の家庭や学校の教育に疑問を持っています。英語やパソコンの知識をいかに早く詰めこむかといった教育が優先されています。

そしてその成績のよい子が人間としても優秀となってしまう、これは教育の本質をはき違えている気がします。

鍵山：そのうえ、教育から道徳を取り除いてしまったから、何を教えても、どんなに優れた頭脳を持ったとしても、日本人のレベルはもちろん衰えてきます。

頭で考えたことは、心で感じたことに劣《おと》りますし、「知識」や「技術」は、「人間性」には勝てません。この知識や技術ばかりを優先する社会、今のままでは日本は近い将来「国力」も落ちていくことでしょう。

国のリーダーたる者は、どんなに頭脳明晰《めいせき》な人間であっても、人間性が伴っていなければ、国や国民を幸せにできません。戦国大名の小早川隆景《たかかげ》は、〝仁愛《じんあい》〟を判断の基にしていました。隆景がいつも正しい結果をもたらせた由縁《ゆえん》です。仁愛の心を持たない人間たちがつくった組織は脆弱《ぜいじゃく》です。それが今の日本の実態です。

松岡：この対談のテーマである「生き方の極意」、つまりは、日本人の独自性である、〝日本人の精神〟をどう取り戻すか、再生するか、ということにつながると思うのですが。

鍵山：ちょっと話が逸《そ》れますが、日露《にちろ》戦争の時です。国力も軍事力も何もないというのに、当時大国であったロシアにあれだけの勝利をしたのは、国民全体のレベルが高かったからです。

ところが、昭和に入ると、物事の実際を知らない頭でっかちの軍部のエリートがとんでもない指示を出す、それが、敗北の原因になっています。戦後もいっしょです。何もないから、とにかく働けばなんとかなると……。

ところが今では戦後の三十年とは違う、とんでもない労働をさせ、人間が心身ともにヘトヘトになっています。

親自身が追い詰められて余裕がありませんから、家庭で子供をいじめたり殺したりしてしまうのです。そのもとは、神話、伝説、民話を排除し、日本人の精神、民族性を疎《おろそ》かにしたことから始まったのです。そのうえに道徳を軽視《けいし》し、この流れを利用したのが日教組でした。日教組は、日本を崩壊させようとする周辺国の手先になっているのです。

松岡：日本の歴史を語ると変に硬派（時には右寄り）に見られる風潮が感じられます。このたび当社が出版した冊子『歴史と人物に学ぶ（第2集）』の中でも軍人を紹介しています。

この時代の軍人の中に、独自性が色濃

く残っているのは事実なのです。

　さきほど鍵山さんがおっしゃったように、日清《にっしん》、日露の時代はまだ日本は三流国家でした。経済的な国力は三流でしたが、国民の品格は、他に比類のないほど超一流でした。

鍵山：そうです。国民一人ひとりの公共心や常識は超一流、まさに世界一といえます。国民の一人ひとりが、自分で考えて行動するという自己を確立した民族でした。

松岡：その要因は江戸時代から幕末までの武士道も一因でしょうか。また庶民も寺子屋などで学び、その識字率《しきじりつ》には驚きます。

鍵山：あのころは、識字率でも世界一でした。さらに、国民の常識は超がつくほど一流でした。

松岡：道徳を教えていたのです。武士階級も庶民階級も教え方は違うけれど、親を大事にしなさい、先祖を大事にしなさい。このことを当たり前のように教えていたのです。

　日清、日露の戦争の時、その価値観がみごとに一致していたことにより国民が一致団結して、大国を相手に勝てたわけです。

鍵山：当時は、国家のリーダーが先読みをしていました。たとえば、当時の日本の国力からして日露戦争は二年以上続けられない、それ以上を要したら日本は負ける。だから、二年以内に勝負をつける。そのために戦争を早く終わらせる。そういう見識《けんしき》があったわけです。

さきほどふれられた『歴史と人物に学ぶ』の中に登場する、外交官として秀逸《しゅういつ》な手腕を発揮した小村壽太郎や金子堅太郎、さらには一個師団に匹敵《ひってき》する諜報《ちょうほう》活動で日本を勝利に導いた情報参謀の明石《あかし》元二郎《もとじろう》、といった先人たちが、この立ち遅れた国を何とかしたいという志を持って、目覚ましい活躍をした結果、欧米列強に肩をならべることができたのです。

しかし、太平洋戦争では連戦連勝のあと、ミッドウェー海戦で敗北した時に、国家のリーダーが戦争終結のために和平交渉をすれば、日本はこんなことにはならなかったのです。にもかからず、とことんやってしまい、日本が焦土《しょうど》と化《か》してしまいました。

松岡：同じ軍人の指導者でも、国家観が決定的に違っていました。国家、国民を想う見識が違い過ぎました。

鍵山：たとえば議論をする時に、根本的に間違っていることがあるのです。それは、今でもそうですが、どっちが正しい

のか議論します。私とあなたとでどっちが正しいか、という具合にです。

　実はそうではなくて、何が正しいかという議論が大切なのです。そうすれば、どこかに一致点があるのです。どっちが正しいかという議論は、相手を傷つけ果てしない議論を続けるだけで、成果を得ることができないのです。

松岡：それは逆にいえば、何をしてでも相手を潰《つぶ》す。

鍵山：ただ議論に勝てばいい、それ自体が目的になってしまった。

　このことが、太平洋戦争において悲惨な結果をもたらしたのです。議論の中味が間違っていたにもかかわらず、とにかく議論に勝って、ついには戦争に負けた、ということです。

松岡：ある意味、一流高校を出て、一流大学を出て、一流企業に勤めればいい。結果さえよければいい。その過程は何でもあり、ということになります。

その結果、日本は今のような〝世相〟になってしまった。

鍵山：学歴のない私がいうと、ひがみに聞こえそうですが（笑）、東京大学が日本をダメにしているとさえ思えるのです。

松岡：大学の入学試験に合格して、ただ、それだけで世間は認めてしまう。だが人間性や社会性が乏しいのはすぐに分かります。

鍵山：九州のある都市の話です。ある企業に入社希望者が千人も殺到し、その中で学歴優秀なたった一人を、選《よ》りすぐって採用したのですが、使いものにならなかった……。

最近ですが、あるキャリア官僚が被災地に出かけ、水たまりに入る時に部下に負《お》ぶってもらい、靴やズボンが水に濡れないようにしていました。これらの話が、今の問題点を端的《たんてき》に表しているのです。根底にあるべき〝仁愛〟が欠けていたのです。

未来を託せる教師と子供たち

松岡：その教育ですが、まずは学校教育です。鍵山さんは対応策として具体的にどのような行動をされていますか？

鍵山：私は先生の中でも志が高い方に、私の考え方を伝えていこうと塾を開催して働きかけをしています。いわば志を同じくする「教師塾」といえるものです。

先生方が学んだことを、お互い先生同士で学び合える場を作っているのです。その方たちを通して、学校現場を少しずつ変えていこうとしています。

さらに、これから始めようとしていることは、先生方が結束し、教育委員会や文部科学省に働き掛けるように、それこそお役所の上と下に訴えかけるようにしたいのです。

松岡：何年くらい前からでしょうか？

鍵山：塾は、まだ三年くらいです。

松岡：たしかに、世の中には志が高くてすごい教師がいますね。

鍵山：そういう先生方が掃除をするために動くと、変化を恐れる日教組の教師たちに、「公共の場を勝手に使っていいのか」「保護者に説明できない」などと妨害されたり、能力のない校長や管理職に抑《おさ》えられてしまうのです。

意気地のない校長は、波風を立てたくないのです。よい事でも日教組の意見が強い時などは、校長までが、掃除はするなといって抑えてしまうのです。

とにかく職員会議を無事に終わらせた

いのです。

松岡：いわゆる、事なかれ主義ということですね。

鍵山：これが学校の実態ですよ。若い先生たちが、掃除をしようとすると、「余計な事はするな」「それは教員のすることじゃない」などと、抑えられることが多いのです。

また、一人二人の先生が掃除をやるだけで、他の先生たちが校長に「なんであんなことをやらせるのだ」というのです。そのことで、職員会議で揉《も》めることになる。校長はそれが嫌なのです。

松岡：ある時、私たち社会人有志が二十人ほどで学校の掃除に行った時のことです。生徒は六十人くらいいましたが、先生は一人、二人しかいませんでした。

小学校、中学校は、まだ校長などが参加してくれますが、高校となると参加しませんね。

鍵山：なぜかというと、小学校と中学校はまだ地域と密着しているからです。ところが高校になると、生徒の出身校もバラバラで地域と密着していませんから。

松岡：最近は一握りの先生、たとえば野球部の先生だけが一所懸命にやっています。野球部の生徒たちは、掃除をすると、いいことが起こると知っているから参加します。担当の先生は生徒といっしょになってやります。

　でも校長は素知らぬ顔をきめこんでいます。

鍵山：高校のほとんどの校長、教頭は参加しないです。

　話が逸《そ》れますが、多くの学校が暴力沙《ざ》汰《た》で崩壊《ほうかい》した時、文部科学省の役人は会議ばかりして、現場に立ち会おうともせず先生に責任を負わせ、生徒と向き合うこともしないで、成り行きを眺《なが》めているだけでした。

　そんな役人たちに任命される校長や教頭がやることは自《おの》ずから分かるでしょう。せめて、現状をよくしようと立ち上がった先生たちの後押しぐらいはして欲しいものですが、足を引っ張っている管理職が大半でしょう。

松岡：さきほどの掃除の話ですが、学校に行く時、こちらからすべての道具を持って行ったのですが、とうとう最後まで校長、教頭は顔を見せませんでした。

鍵山：でも、中には立派な生徒や教師がいることも事実です。たとえば、I定時制高校では、生徒と先生が学校のトイレを掃除して回っています。

　先日のことですが、私が行くことが分かったら、その生徒たちが早く会いたいといって、駅まで迎えに来てくれたのです。

実は彼らはいろいろと問題があった子たちでしたが、久しぶりに会ってみたら顔まで穏やかになっていました。

今では、進んでトイレ掃除をするまでになりました。彼らは私のことを〝おじき〟って呼ぶのです（笑）。

松岡：定時制の皆様との交流ですね。

鍵山：私は時には食事を用意することがあります。彼らの中には、学校の給食しか食べていない子がいると聞いたからです。そんな環境ですから、先生たちの本《ほん》音《ね》は勤務先として定時制高校には皆行きたくないのです。ここで最長で四年、その期間が過ぎたら自動的に転勤できるのです。

ところが、野球の試合を引率するこの先生は、担任している生徒が卒業するまで共にいたいと、「勤務期間をもっと延長してください」と願い出たのです。

生徒たちの成長を見ると本当に楽しくてしょうがないと、初めて延長を志願したのです。当然ながら、校長が「本当にいいのか？」と確認したそうです。

松岡：会社でも一緒です。社員の成長が見られると本当に嬉しいものです。

鍵山：この生徒たちの顔を見ると分か

りますが、穏やかな顔なんです。最初の頃はそれは、それは……（笑）。家庭環境も悪いし、中には、家に帰れないという家庭の生徒もいるとのことでした。

松岡：本当にテレビドラマと同じです。

鍵山：それがね、にこにことするようになったのです。

松岡：家族の雰囲気を感じます。こういう子供たちが成人になると、強い友情が芽生えるのですね。

鍵山：この生徒たちは、真の教育を受けていると思います。進学校などへ行くより、また大学を出るより、よっぽどいい人間になります。人の役に立ちたいという人間になり、素晴らしい人生を歩んでくれると思います。

松岡：こうした活動は普通、ここまでやらないです。

食事を出すようにされたのは、何かきっかけがあったのですか？

鍵山：私は青年時代、年中腹を空かしていました。空腹がいかに辛いかを身をもって知っています。若い人を見ると、食べさせずにはいられないのです。

松岡：たしかに、人間はお腹《なか》に何か食べ物が入ってくると穏やかになってきます。飢餓《きが》は戦争のきっかけになることもあります。

鍵山：中国の革命なんかはみんなそうでしょう？　争いは飢餓から始まっていますね。

松岡：それこそ、みんな満ち足りていたら、穏やかになるから争いはなくなってきます。

鍵山：I定時制高校の校長に転勤を延長してくださいと願った先生と、そう決断させた生徒たちがいい例です。

松岡：生徒たちが変わっていくのが、先生には見えるのですね。

顔つきが変わって、物腰が柔らかくなる。遠慮もするようになる。言動も、自己中心が他者中心になってきています。

鍵山：この先生が問題児との交流を一人で始めたときは、同僚には、さんざん批判されたようです。それでも続けていくうちに、周りに応援してくれる人が出てきて、とうとうやり通した。

そしたら、教師の同僚がだんだん参加するようになってきました。

松岡：定時制の高校生たちが、神宮球場で活躍したというお話もありましたね。

鍵山：この学校の生徒は、神宮球場に、東海地区の、三県の代表として出場したのです。もともと野球部員がそろってもいないので、部員以外の生徒も入れた寄せ集めのチームでした。ところが第一試合で勝ったのです。

初戦は延長戦だったのですが……。メンバーの中には部員数合わせのために女生徒もいるのです。それでちょうど九人で、交代する部員もいないのです。

二回戦は、〝常勝チーム〟のT高戦でした。十対三で負けましたが、よく三点も入れたものです。なぜ三点が入ったかというと、野球をまるで知らない子もいて、相手選手が予測できない行動をとったためという、ほほえましい結果でした。

相手は動揺してしまって、結局三点取ってしまったのです（笑）。

この指導をされている先生は偉いです。負けてもいいからと、部員九名全員をマウンドに立たせ投げさせたのです。

試合の勝ち負けじゃないのです。

松岡：九名全員に貴重な体験をさせたのですね。

鍵山：こういう教師こそ真の教育者です。

「掃除」で学ぶ〝気付き〟と〝共有〟

松岡：教育現場の話から、掃除の話に移りたいと思います。何かお聞かせください。

鍵山：たとえば、私が掃除をしていると、「何をやっているんですか？」って不思議そうに近寄ってくる人がいます。

その質問の本音は、「何でそんなことをするのですか？」という意味なのです。つきつめれば、「何で掃除なんかするのですか？」という意味なのです。「それは、あなたの仕事ではないでしょ」といいたいからです。

松岡：取引銀行さんの口癖《くちぐせ》ですね。「それは社長さんの仕事ではない」と。

鍵山：以前ですが、産能大の先生からもいわれました。社長が裸足《はだし》になって車を洗っているようじゃ、社長業は失格、というのです。

松岡：それは……。

鍵山：まだ、会社が小さいころです。

松岡：あれから、産能大の先生は何かいってきましたか？

鍵山：何もありません。私はそういうことをいう人が、今に恥《はじ》をかくと心の中で思っていました。

松岡：私どもの会社でやっている早朝のトイレ掃除ですが、実は男性しかやらないのです。女性はやってはいけないのです。昔の日本では「家庭は女性が守る、男は外で働く」のが当然でした。

当社では、就業時間内で草取りや床磨き等の決まった掃除の時間があるのです。その時は女性が〝ど真剣〟に掃除をやっているのです。やっぱり、男の人たちが朝早く来てずっと掃除をやっているからでしょう。

だから、掃除の日は、ものすごく女性たちは活躍します。その光景を見ただけで気持ちいいのです。私には見慣れた光景ですが、来社されたお客さんがこういわれます。「どうして、この人たちは膝《ひざ》をついてまで、こんなに真剣に床を磨いているのですか?」と。

そのうち、「やっぱり掃除ってすごいです。ようやく分かってきましたよ」となります。


鍵山：最近はですね、掃除をするのを反対をしていた学校も「門戸《もんこ》を開く」ようになりました(笑)。その門を開く時、私がアドバイスしたのは……。

実は、よく先生が相談に来られるのです。一人、二人で掃除を始めようとしているが、校長や教頭が反対していると。二人だけでやるのは、絶対にやってはいけないと意見されるわけです。要するに、校内で波風が立つからです。

私は、「それは心配することはない、まず遠くからやることです。学校の外からやればいい」とアドバイスします。

学校の外周りが綺麗《きれい》になったら門の中

をやって、さらに玄関をやってと、だんだんと近くをやる。そうすれば、絶対に文句はいわれない、と。

　何事もそうです。遠くのことから、小さいことから、弱いところから……。

　この形で始めると、波風が立たないのです（笑）。

松岡：なるほど。だんだんと校長を慣らすわけですね（笑）。

鍵山：いきなりやろうとするから、問題が起きる。遠くからやっていくと実績になっていく。

松岡：先生たちの中でも、綺麗になっていると感じるので、違いが分かるのです。

鍵山：先生たちは知恵を生かすことです。

　たとえば、ある学校で成功したからといって、初めての学校でも同じように門の前に立って、来る生徒に「おはよう」って一方的に挨拶をしてもみんな逃げて行ってしまうわけです。中には裏門から入って行く生徒もいて。その先生は、よかれと思ってやっていたけれど、逆効果になってしまったと相談に来られました。

　そんな時は、やり方をちょっと変えればいいのです。箒《ほうき》をもって掃きながら声をかければいいと伝えました。
そうしたら、もう解決です。
松岡：ある会社が二年ぐらい挨拶運動を玄関で行なったのですが、ちっとも変わらなかった、ということを聞いています。
鍵山：掃きながら挨拶をしたら、みんなが応えます。
松岡：ちょっとした違いが、大きな違いになるのですね。
鍵山：こういうことなのです。真正面から声をかけると、相手にとっては百％、まともにぶつかって来ることになります。箒で掃きながらだと、三十％です。相手は、正面から当って来られるのが嫌なのです。
たとえば商売でも同じです。自動車部品の店でタイヤを見ているお客様に「タイヤですか？」と声をかけたとたんに帰ってしまう方がいます。
でも、その時にはお客様の後《うし》ろを通って三回目ぐらいの時に、「お車の調子はどうですか？」「ちょっと拝見をさせてもらっていいでしょうか？」と声をかけますとね、お客様は不思議についてくるのです。
そこで話をすれば、百％商談成立です。
松岡：お客様の立場からすると、この店員さんにいえば安心するということなのですね。

鍵山：いきなりどんっとぶつかったら、誰でもすぐに逃げたくなります（笑）。

松岡：私はトイレ掃除を十年やってきたのです。当社の常務取締役とです。十年経ってようやく、社員さんが「私たちもやります」といってきたのです。それで今は、その若い人たちに掃除をする場所を取られてしまったのです（笑）。

私は諦《あきら》めて、もっとたいへんな会社の外での掃除をやり始めたのです。

それから十九年になります。外のゴミ拾いを五十分間ぐらいしているのです。今まで、やっていたトイレ掃除を私が止《や》めて楽《らく》をしていたら、彼等は続かないと思って、私が辛いほうを選び、雨の日も、風の日も外の道路の清掃をずっとやっています。それはそれで楽しみになりました。やらなければ楽であっても、楽しい一日にはなりません。

「やらされる掃除は苦しみ」

「やる掃除は楽しみ」なのです。

社員はやっぱり、やれというだけではやりませんが、鍵山さんに教わったことを実践して、後ろ姿で教えるようやっています。

今までのお話で、掃除と教育とのつながりが分かってきた気がします。

そこで、鍵山さんからもう少しお話をお聞きしたいのですが……。

鍵山：掃除と教育とは関係ないと思う人が多いと思いますが、掃除をすると、掃除そのものが「気付き」の訓練になるのです。ところが、掃除をしない人は気付かないのです。生徒の気持ちや家庭環境に気付くことができなくなってしまっているのです。

昔は、気付きがなかったら生きていけなかったのです。今は、ほとんどの事を電化製品がやってくれますから、人としての訓練ができていないのです。

学校でも基本的な気付きというものを教わることなく、そのまま社会に出てしまうから、とんでもない人間が社会に増えることになってしまったのです。

その点、この掃除は、やるたびに、気付きの訓練となります。

もう一つは「価値観」を共有すること

ができるのです。人間一人ひとりの価値観にはものすごい差があります。

ところが、掃除には、その価値観を超えてお互いを引き寄せる力があるのです。

松岡：価値観の共有化ですね。

鍵山：だから、職場が上手《うま》くいくのです。いくら優秀であっても、価値観が違う人間をいくら揃えても、絶対に上手くいかない。そして、力も出ない。

ところが、そんなにすごい能力がない人間でも、価値観を共有すると、強力な力を発揮できます。

松岡：組織全体として……。

鍵山：もう一つの効果は〝自己の確立〟ができることです。掃除は自分で考えて工夫して行動しますから、その積み重ねが自己確立につながるのです。「気付き」「価値観の共有化」「自己の確立」、この三つが、掃除をして得られる効果です。

松岡：私の会社でも証明できます。男性社員がトイレ掃除をすることで、女性社員の方にも感謝の気持ちが出てくるので、とにかくよく働いてくれます。

男性は家庭でも掃除をするか分かりませんが、優しい人はきっと家庭でもしているはずです。

鍵山：悪い影響をおよぼすことはないです。

松岡：気付きというのは、いっぱいあります。優しさとか、おもてなしとか、人の痛みとかも分かります。そういう力が掃除にはあるのです。

鍵山：しかし今は日本の企業は力を失っています。それは、価値観の違いを放置したままで、共有化しようとしていないからです。

松岡：そうですね。戦後の創業者である、ソニーの井深《いぶか》大《まさる》さんとか、ホンダの本田宗一郎《ほんだそういちろう》さんだとかは、日本人としての誇りを持ち、人間性も豊かな魅力的な企業家でした。

今の大企業の社長には、この方たちのような輝きみたいなものがなくなってしまいました。だんだんと劣化《れっか》しています。

鍵山：そもそも自覚がないのです。

松岡：以前の日本のリーダーというと、それなりの人物がいました。経団連でも何でも大組織のトップには人物がいました。土光敏夫《どこうとしお》さん（元日本経団連会長）なんて、己に対する心構えが違うのでしょうね。あんな大企業の偉い人なのに、質素な家に住んで、本人は当たり前のように質素に暮らしていたのです。周りの人びとは優雅な生活をしていると思っていましたが。

鍵山：その土光さんですが、擬獄《ぎごく》事件で疑われ、検察庁が土光さんの周辺を調べたのです。
ある日の朝、検事が自宅を突然訪問したら、奥さんが出てきて、「主人は、今出掛けました。そこのバス停にいます」といったら、それで、検察庁が手を引いたとのことでした。
松岡：普通だったら、高級車で迎えに来たりするのですが。
鍵山：バス停で、お一人で立っていたのです。それ見て、検察庁もこれは調べる必要はないと分かったのです。どこかの知事とはちがいます。
松岡：実状を見ればね。検察庁も偉かった。

七万五千枚のハガキの力

松岡：ところで、最近ですが、友人から時々絵ハガキをもらいます。

「絵ハガキは半分しか文章を書かないから、成長できないですよ。もっと、成長のためには文字を多く書いたほうがいいですよ」と書いたら、相手の方は「この絵ハガキで相手に喜びを与えている」といっていました。この絵ハガキをもらって喜ぶ方は少ないのではと思っています。

ところで、鍵山さんは、どのくらいのハガキを書いていらっしゃいますか？

鍵山：複写ハガキを書く用紙は一冊が五十枚綴《つづ》りで、今までに千四百九十八冊、書きました。そのあと、病気をしましたので、書いていません。もうあと二冊、百枚書くと千五百冊で、七万五千枚になります。

松岡：平成四年ごろからですね。私も一緒に始めました。この複写ハガキには苦戦して、今の私は普通のハガキで書いています。何をやっても、長く続かない私ですが、ハガキだけは書き続けています。

鍵山：使ったボールペンは、このくらいあります。空《から》の芯《しん》は残してあります。この芯は、手を大きく広げても握りきれないほどです。

松岡：こうして書かれるから、人の名前も覚えられるのですね。

鍵山：自分で字を書きますと記憶力は上がります。ですがここ最近は、しばらく書かなかったからでしょうか、ものすごく低下しています。

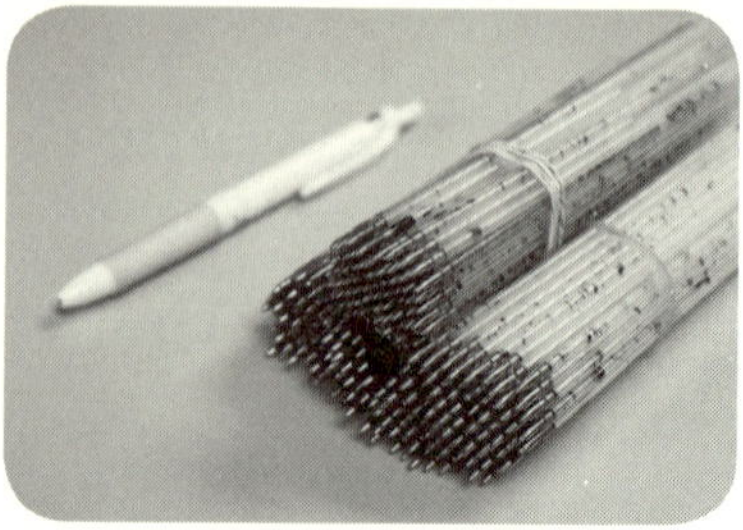
使ったボールペンの空の芯

松岡：鍵山さんの文章は一通、一通が長いですからね。しかも、丁寧に書かれていて、実に心が籠っています。

私も五十二円の切手を貼るから、書いてから文章を見て、五十二円分の、人を喜ばす価値があるかを確認し、言葉を付け加えたりしています（笑）。

鍵山：私には三行しか書いていない、ハガキが一枚あります。大阪の安心堂さんの豆腐を贈ってくださった人に、「うまい、うまい、うまい」と書きました。

松岡：本当に美味しいからそう書かれたのですね。何も知らない人が出したら、手抜きだっていわれてしまいます。

最近はパソコン主体の時代だから、人間性がみられなくなってきています。

鍵山：私もけっこうパソコンでの変換ミスを見つけますよ。

松岡：脳と指先がつながっているのでしょうか。やっぱり、こうして、ハガキを手書きしてきた効果はあるようです。ただし、推敲《すいこう》はしっかりしないといけませんね。

残念ながら、パソコンでは成長はしない。やっぱり、辞書で文字を調べたり、意味を調べたりすることが大切です。

車では、カーナビを使うと道を覚えられないのと同じです。

鍵山：はい、そうです。ある意味で、日本人の脳はすごく低下してきていると思います。

国際化と日本人

松岡：日本の話に戻りますが、日本人の生き方について鍵山さんからお話いただければと思います。

鍵山：日本も過去の歴史をたどってみますと、いいことばかりではないのですが、おおまかにいって、明治、大正時代の人と人の関わり方が素晴らしいです。

さらに、すべてがいいとはいえませんが、総合的にいえば昭和の初期ですね。つまり戦前です。

当時は、日本人の皆が穏やかでした。戦争中の時もそうでした。何もかもが配給の状況下では大勢の人が並んでいますが、その中でも笑顔すら見えるのです。

終戦記念日ということで、人びとが整然と静かに並んでいる様子がテレビに映し出されます。それに比べると、今の人たちは険《けわ》しくて、とげとげしい顔をしています。すさんだ教育をしているためでしょうか。

松岡：戦国時代から幕末にいたるまでの日本人は、「どう行動すれば美しいか」、それればかりを考えていた」。それが残っていました。日本人の美徳はそういうところにあると思うのです。

『儲《もう》かってますか？』という言葉がありますが、本来は、「日本のみんなが儲かってますか」ということでした。お互いが助け合っていたのです。

今は、「自分だけ儲かってますか」に変わってきてしまった。

現在は、大企業だけが儲かっています。しかも、内部にお金を溜めこんでいます。

鍵山：最近、日本を代表する大企業では関連会社が二社倒産しました。

膨大《ぼうだい》な利益を出していながら、関連会社は倒産しています。

松岡：そうですか、驚きました。ところで大企業は、何であんなに儲けよう、儲けようとするのですか？

鍵山：それは、社会が不安定だからです。不安で不安でしょうがないわけです。なぜなら、今日までよくても、明日はいきなり倒産してしまうこともありますから。

松岡：当社の倒産だけは勘弁してください（笑）。

営業マンには「知恵を絞って、お客様を喜ばせてください」といっています。

とにかく、お客様が、また会いたいと思われることをやっていくこと、つまりは「よい生き方」の情報です。

これってわりあい疲れないようです。

今では数多くのお店に当社の製品が並んで、それが売れています。

鍵山：楽しいのではないですか？（タニサケにいる「伝説」のベテラン営業マンに対して）

松岡：そうです。鍵山さんと一緒です。この営業マンは義理がたくお客様からの受けがいいので、有り難いです。

楽しく働くと人生は幸せですけど、義務として働くと辛いと思います。

鍵山：義務のうちなら、まだいいですよ。今はそれを超えています。やらなければ自分の席がなくなってしまう。だから、やみくもに、悪いと知っていてもやります。

「相対差《そうたいさ》」の世界です。いつも比べる世界です。多いか、少ないか、それは際限がない世界なのです。

松岡：明治、大正という時代では、どうだったのでしょうか。

鍵山：昔は、ほとんど仕事がなくても人は生きていけました。今は、無理です。まして、会社の中で課せられた結果を出さなければ、席がなくなってしまう。

松岡：そういう社会を誰が作っているのでしょうか？

鍵山：一番悪いのは、何でもが国際（グローバル）化という風潮です。これを持ち込んだのが学者のT氏です。

もう、強い者が勝てばいい、弱い者はいなくていい、という話ですから。

松岡：以前の日本は、大家族主義だったので、みんな同じ家族ですから困っていたら助け合っていました。

昭和の前半ですが、貧しいながらも近所中で助け合って、大人たちが、他人の子供までも面倒をみていました。

鍵山：それは、「衆（公）」と「個（私）」という文化の違いです。

つまり、欧米は「個」の文化、日本は「衆」の文化なのです。

換言すると、個の文化は自分の立場を守るためには周りは敵である、と考えます。反対に、衆の文化はお互いを引き立てていく、という考えです。

かつての日本人は、その「個」を限りなく小さくして、人への迷惑を気遣《きづか》ってきたのです。そして、周囲へ配慮して「衆」を大きく育てる生き方を市井《しせい》の人びとが普通にしていたのです。

世界中が驚き、称賛《しょうさん》する「公共心」の高さは、ここから来ているのです。

松岡：あの三・一一東日本大震災の時がそうでした。そして熊本や鳥取の地震による災害時にも、日本人は暴動やパニックを起こしませんでした。

まだ日本人には、鍵山さんがおっしゃった「衆」の精神が残っている、ということでしょうか？

鍵山：そうであって欲しいですね。しかし、最近の日本社会を見ますと、「私」だけが肥大化して、「公」がないがしろにされている風潮を憂慮《ゆうりょ》しています。

一例としてあげると、電車のマナーです。どう見ても健康体の人がわれ先に座席を奪い合う光景です。優先席でも平気で座っている感覚を疑います。

自転車のマナーもひどいもので、老人や女性、子供にとって時には凶器にすらなります。かつての日本の社会には、そんな「個」の暴走はありませんでした。

このままでは、「日本人の美徳」は〝風前《ふうぜん》の灯火《ともしび》〟となってしまいます。

松岡：それが今や、個人だけでなく、大企業を中心に、この国際化が進み、欧米化しているのです。

「個」である組織・会社が、自分だけの立場・利益を守ればいい、という社会の流れです。

その結果、一つの風潮として日本でも「格差」が拡大しています。

鍵山：世界中で格差が……、日本でも所得格差がすごいですね。

松岡：正に格差社会です。

鍵山：これまで、日本の社会は世界一格差がなかった。

松岡：話が変わりますが、穏やかな人たちが揃うと、いい会社になると思うのです。この穏やかさを求めるのは、やはり「掃除」なのかもしれません。それは自分の心を鍛えるからです。

当社は、創業以来、全社員が会社を人生道場と位置づけ、「上に立つ者が部下の誰よりも損をする覚悟を持って」、一所懸命になるという社風を心掛けています。これを長く続けると、何となく気持ちは相手に伝わってきます。まさに、以《い》心伝心《しんでんしん》です。

鍵山：それは、人は物事に必ず「気」を発散します。目には見えないけれど、人によっては、この人だけには接したくないという気もあります。

電車の中でも、嫌な気を放っている人の前には立ちたくない。私からは悪い気を発散したくないし、私も悪い気を受けたくないという思いがあります。ある意味では人を選びます。

松岡：ところが鍵山さんは、人を選んでいるようには見えないのです。不思議と、どなたも鍵山ファンにしてしまわれます。どんな傲慢《ごうまん》な人でも鍵山さんは取り込んでしまわれて、いつも感心をしています。
　ここで社長の心構えというか、心得《こころえ》についてお話をお願いいします。
鍵山：やはり、なんといっても現場を知ることと、部下の方へ自分が降りていくという生き方です。
松岡：現場を知って、社長が、誰よりも早く出社することですね。
鍵山：ある時です。鹿児島で火山灰がすごく降ったのですが、車を訪問先の事務所から遠くに停めましてね。それは、うち（イエローハット）の社員が停めたのです。
　はじめは近くに停めていたのですが、気が付いて、わざわざ遠くに停め直したんです。
　それを社長さんが見ていて「あなたはさっき向こうに移動しましたね」とおっしゃいました。社員は「ここは誰でも停めたいですから」と答えたのです。
松岡：その時が社長に初対面ですか？
鍵山：そうです。
松岡：先方の社長はよく見ていましたね。
鍵山：そういうものなのです。
松岡：ちょっとした、所作《しょさ》で感じるのですね。その場で取り繕《つくろ》ったものだとすぐ分かってしまいます。

鍵山：人は、大事件よりも、一寸《ちょっと》した些《さ》細《さい》なことに心を動かされるものです。

権利は小さく、義務は大きく

松岡：つぎに、社員の生き方について、ぜひお話をお願いします。

鍵山：社員として、大切なことは、「権利は小さく、義務は大きく」することです。

松岡：なるほど。

鍵山：義務は二倍くらい大きくするのです。これが、生き方のコツだと思います。込み入った難しいことではないのです。

松岡：お聞きしていて、確かに難しいことではないです。

鍵山：よく、いろいろな人に質問を受け、「平凡な社員にどうやって非凡《ひぼん》な仕事をさせたのですか？」と聞かれます。

そこで、「その質問は間違っています」と答えます。そして、「平凡な社員が、平凡な仕事をしていても成り立つ仕組みを私が作ったのです」と答えます。

松岡：なるほど……。平凡を非凡にしたのではなくて、「仕組み」を作ったのですね。私も成り立つ仕組みづくりに挑戦をします。

鍵山：そうですね。それは、そういうことをやっている社長を見ないと分からないです。昔は小売業がたくさん倒産したのです。

その原因は、過剰在庫なのです。たとえば、六個しか売れないのに、一箱二十四個入りのケースでないと問屋は出さなかったのです。

小売店も品数《しなかず》が少ないうちはいいですけど、どんどん品数が増えると小売店の在庫も増えるわけでしょう。

新商品がどんどん出てくるたびに在庫を抱《かか》えるわけです。

当時の問屋はケース売りが常識でしたが、当社（イエローハット）は業界で初の小口発送を始めました。取引先に対して一週間分の注文をしてくださいということにしたのです。

でも、その分、こっちが大変です。ケースに入っていたのをバラして、三個や五個にして出すのですから大変でした。

最初はそんな状況に反発らしきものも社内でありましたが、そうした仕組みができ上がってしまうと、社員は昔からやってきて当たり前のように仕事ができるのです。

松岡：それが、当たり前になってきたのですね。そして、大きな配送センターをお作りになりました。

鍵山：当時としては大変な投資でした。

松岡：相手の立場を考えてですね。

鍵山：今はご覧のような時代になってしまいました。旧態依然《きゅうたいいぜん》のことをしている会社は、営業でいくら売り込みに行っても売れないです。

もう、小売業は売れる分しか注文しないのですから。

松岡：売れ残ってしまえば、過剰在庫ですから。

鍵山：そうです。そういうことを見越して、今からやっておけば、普通の仕事をしていても成り立っていくのです。

松岡：さて「先見《せんけん》の明《めい》」ということをよく聞きますが、具体的には経営者としては、どのようにすればいいのでしょうか？

鍵山：現状と未来に対して問題を見つける本能でしょうね。イエローハットも一部上場になりました。特別な才能もないのに（笑）、どうしてそうなったかという質問をよく受けました。

誰でも夢があります。悩みもみんながあります。ところが、夢はいつの間にか小さくなったり消えてしまったりするのです。現実を見てだんだんに……、消えてしまうのです。

なくなってしまうのです。

経営者は、常に、現状はどうなのか、今何が必要なのか、将来どうしたらいいか、このことを考えなければなりません。しかし、目先のことばかりですね。

私には、土台があるのです。しかし土台というとしっかりしているようですが、そうではないのです。土台は、実は薄氷なのです。ちょっと油断したら、割れて落っこちてしまうのです。

この薄氷の下は、〈鍵山氏、下図を書く〉破滅《はめつ》・破綻《はたん》しかないのです。この薄氷を割らないように、働いているから常に真剣にならざるを得なかったのです。

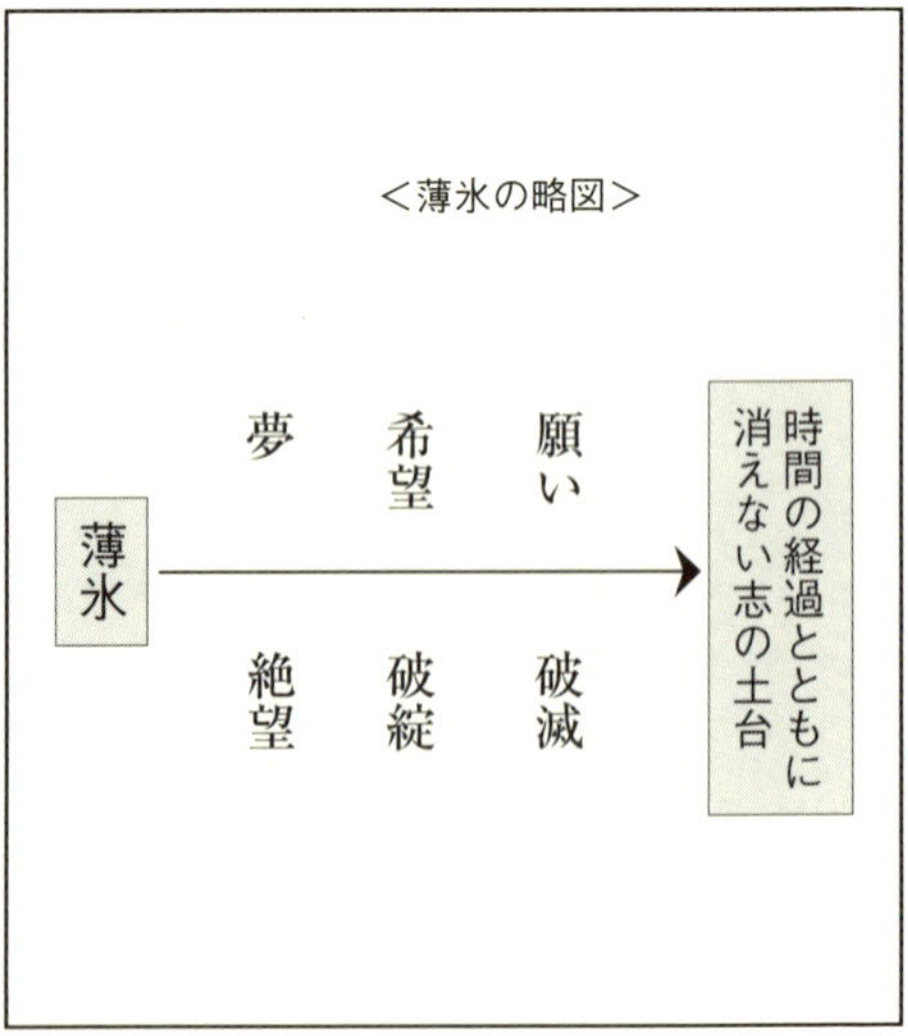

松岡：真剣に薄氷の上を歩いてきたのですね。一年先は何があるか分からないから、薄氷を割らないようにどうするかを

考えていく、ということですね。

鍵山：本当は、巨大企業だってこういうことなのです。今の人は、厚いコンクリートの上を歩いていると思っているから、世の中の動きが分からない。

相手のことも分からない。ただひたすら無理して、カバーしようとするから、無理に無理を重ねているのです。

松岡：それは、経営者が「志の土台」を持つことでしょうか。

鍵山：土台を割らないように真剣になるから、アンテナも長くなり、鋭くなります。

松岡：アンテナのある人は、すぐに現場も分かる。しかし、アンテナがない人が多いですね。

日本人の生き方、これからの教育とは

松岡：この対談も大詰《おおづ》めとなりましたが、最後にあらためて、これからの日本人の生き方、さらには教育のあり方についてお話をお聞かせ願えればと思います。

鍵山：戦後の日本の教育についてお話すると、どうしても、現在の経営者の資質について語らなければなりません。

松岡：以前、鍵山さんは経営者の集まり

の会でこうおっしゃっています。

「現代社会は自分だけが幸福であればいい。そういった人間を学校と社会が作ってしまった」と。

鍵山：とにかく「世界一の売り上げ」「売り上げを二倍、三倍に」という掛け声ばかりで、それが「名経営者」ということになっています。本来の「世の中のためになる会社にしよう」と考える経営者は皆無《かいむ》といっていい。

さらに、「現代の会社、企業を二通りに分けますと、超高収益を上げている会社の多くは、精神性が劣《おと》り、社員の人間性が欠けていると思います。高い収益と深い人間性、広い社会性を共に備えることは至難のことです。

会社のあるべき理想像が間違っているのです。

松岡：確かに世間的には名の通った大企業の業績は話題になりますね。収益が前年比で二桁の伸びだとか、過去最高の収益だとか、マスコミが好んで取り上げますね。

でも、そこに経営者個人の顔は出てこないのでどんな人物なのか分かりづらいですね。

鍵山：最近とても気になることがあります。日本には多くの企業がありますが、とかく注目されるのは高い収益を上げている企業であり、その社長さんですが、自社で働く社員について熱く語る社長は皆無といっていいと思います。

高い収益については及第点《きゅうだい》としても、人間性については疑問符がつきます。

松岡：鍵山さんの著書『ムダな努力はない』の中で述べられている、「憂《うれ》うべきは〝経済格差〟より〝人間性・人格格差〟」という一節を思い出します。

鍵山：そうですね。昨今では「経済格差」が大きな問題として取り上げられていますが、むしろ、日本人が古来身に付けていた「美徳」の崩壊に比べれば、「経済格差」はまだまだ小さな問題だと思います。

本当に憂うべきは、「経済格差」より、むしろ「人間性・人格格差」ではないでしょうか。

松岡：日本社会の指導層の人間たちが、自分や自分の会社だけが幸福であればいい、自分たちにとって「利益」になることしか頭にない。

日本人の価値観が「どれだけ得するか儲かるか」「益がなければ意味がない」という考え方になってしまった。

以前、鍵山さんはこうおっしゃっていました。

「本来は、『得』よりも『徳』を大切にしなければいけない」、と。

鍵山：日本人は戦後、豊かさを手に入れる一方で、人への思いやりや公徳心といったものを失《うしな》ったとつくづく思います。

豊かさと温《あたた》かな心、この両方を持てば、人は本来の幸せを手に入れられる、そう信じております。

松岡：そうしますと、やはり大切なのは教育ということになりますね。

鍵山：私は、いまや、「家庭教育」に期待するのは無理だと思います。

戦後の間違った教育を受けてきた、今の親世代を正すのは無駄だと思います。

やるべきは、「目の前の子供たちを正しく導く」ということです。それが、これからの日本のあるべき教育の姿です。

松岡：ということは、その子供たちを預かる学校の教育ということですね。先生の問題ですね。

鍵山：そうです、先生の意識、志ですね。

教師である自分が、「子供の将来をどうしたいのか」「どういう教育をしたいのか」「どんな社会、国にしたいのか」

これらの事を明快《めいかい》にして、教育をするべきです。

松岡：最近になって、道徳教育がさかんにいわれています。道徳とは何か、分かりにくい面がありますが。

鍵山：道徳とはどういうものであるかを知らず、道徳的な生活をしていない先生が、道徳を教えられる訳がない（笑）。「道徳教育」の教科書を配るだけで、どうなるのでしょうか。

「道徳」とは、「手間がかかる」「時間がかかる」「面倒くさい」ものです。

だから「できるだけやりたくない」これらの事を「さりげなくできる」生き方が道徳的生き方ということです。

残念ですが、「反道徳的」な生き方をしている人だらけですね。

松岡：会社も個人も、目立つようにして自分たちは「いい事をしている」とPRしていますが疑問です。

鍵山：小学校から英語を教える、これも私からすれば「反道徳的」だと思います。日本語、国語を満足に知らない子供に、「英語が話せるようにする」だけの教育は、この国の将来を危うくするとさえ考えます。

せめて中学までは、しっかりと日本の国語を教えてもらいたい。

松岡：鍵山さんは、「手間がかかり、時間がかかり、面倒くさい」、その道徳教育を、「さりげなくできる」先生たち、子供たちを応援されています。

鍵山：日本の未来は、「道徳教育」次第だと思います。そして、それを実践されている先生、子供、そして親御《おやご》さんたちが、日々増え続けています。

この人びとが将来、日本社会の担《にな》い手となるはずです。

この姿をみるにつけ、日本の将来には光明《こうみょう》があると信じています。

最後になりますが、タニサケ社は企業経営の中に道徳を溶け込ませて実践をし、なおかつ高収益を上げ続けている希《け》有《う》な会社です。「道徳と経済」の両方を見事に果たしておられます。日本の会社のお手本として期待をしています。

松岡：鍵山さん、本日は長時間にわたりお話をいただき、ありがとうございました。

あとがき

本書は、私が多くの人と出会い、その人たちから多くを学び、それを実践したことを主に書かせていただきました。たくさんの失敗もありましたが、周りの人からの応援もあり、そのことを「人生の糧《かて》」に変えることができました。

私は強運に恵まれています。それは自分一人の力ではなく、縁ある人が後押しをしてくださっているからだと信じています。もちろん、両親やご先祖の大きな徳とも感じています。

本書の副題、「優しく、温かく、そして強く」は、当社と縁のある皆様からの声を集約したものです。当社には工場見学等で多くの来客があります。お客様が一様に感じられるのは、社員の方々の雰囲気のよさと笑顔、そして作業現場を改善した知恵と、意志の強さです。

営業の担当者もお客様に喜んでいただけるよう「プラスワンセールス」を心掛け

ていますので、お客様から大きな信頼を得ています。

「天下第一等の師につきてこそ、人間も真に生き甲斐あり」（教育哲学者、森信三先生の言葉）。人生の師、鍵山秀三郎さんの長年の温かいご指導のお陰で、不良青年だった私が真っ当な人生を送れるようになりました。そして本書では対談までもしていただいて、感謝しても感謝しきれません。

島根県益田市のMランド（益田ドライビングスクール）の小河二郎会長からは、二十年近く薫陶《くんとう》を受け、厳しい経営者の姿勢を学び、書籍では、哲人の中村天風先生から「積極的人生」を学びました。いずれにしても、本物人間から学べたことは極《きわ》めてありがたいことでした。

今後の私の目差すものは、本書にある「満堂に春を生ず」のような人物です。そして「縁ある人を幸せにすること」で、その実現のために、自己中心ではなく他者中心の生き方をして、人様を喜ばせることを心掛けていきます。

発刊にあたりましては、当社の清水勝己社長、高木則夫さん、向山博幸さん、水野 学さんにたいへんなご尽力をいただきました。なおこのように健康に恵まれ、全国を飛び回ることができるのは、家内のお陰と感謝しています。

本書の出版は、ご縁をいただいた私を取り巻くすべての方々のお陰であります。皆様、本当にありがとうございます。

合掌

松岡 浩

二〇一七年二月七日

＜著者プロフィール＞

松岡　浩（まつおか ひろし）

昭和19年（1944年）、岐阜県池田町生まれ。大垣商業高校卒業後、イビデン㈱を経て、家業の「スーパーマツオカヤ」を実兄から引き継ぐ。その後、街の発明家・谷酒茂雄氏と㈱タニサケを創業。現在、㈱タニサケ 代表取締役会長。

社会活動や講演活動を積極的に行う。

㈱コガワ計画（Mランド）	（島根県）	取締役相談役
㈱和香園	（鹿児島）	相談役
㈱宮崎中央新聞社	（宮崎県）	相談役
㈱日本リモナイト	（熊本県）	相談役
㈱cyujo（忠恕）	（大阪府）	相談役
㈱美里花き流通グループ	（愛知県）	相談役
「岐阜掃除に学ぶ会」		代表世話人

優しく 温かく そして強く
生き方の極意

2017年3月25日　初版第1刷発行

著　者　松岡　浩
発行者　池田 雅行
発行所　株式会社 ごま書房新社
〒101-0031
東京都千代田区東神田 1-5-5
マルキビル 7F
TEL 03-3865-8641（代）
FAX 03-3865-8643
編集協力　田中 勇介
カバーデザイン　株式会社 オセロ
DTP　ビーイング 田中 敏子
印刷・製本　精文堂印刷株式会社

ISBN978-4-341-08665-7 C0030

シリーズ累計10万部突破！　マスコミでも続々紹介

ベストセラー！　感動の原点がここに。

日本一　心を揺るがす新聞の社説

大好評 13刷！

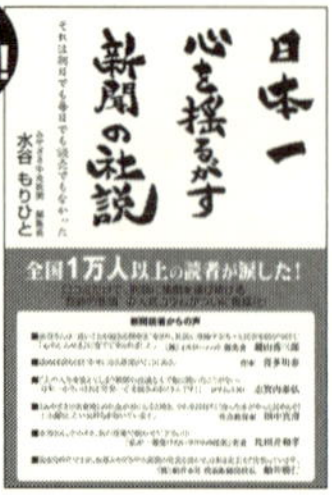

タイトル執筆・しもやん

みやざき中央新聞編集長　水谷もりひと　著

- ●感謝　勇気　感動　の章
- ●優しさ　愛　心根　の章
- ●志　生き方　の章
- ●終　章

【新聞読者である著名人の方々も推薦！】

イエローハット創業者／鍵山秀三郎さん、作家／喜多川泰さん、コラムニスト／志賀内泰弘さん、社会教育家／田中真澄さん、（株）船井本社代表取締役／船井勝仁さん、『私が一番受けたいココロの授業』著者／比田井和孝さん…ほか

本体1200円＋税　四六判　192頁　ISBN978-4-341-08460-8　C0030

大好評 5刷！

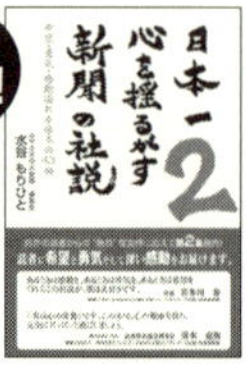

前作よりさらに深い感動を味わう。待望の続編！

日本一　心を揺るがす新聞の社説2

希望・勇気・感動溢れる珠玉の43編　水谷もりひと　著

- ●大丈夫！　未来はある！（序章）
- ●感動　勇気　感謝の章
- ●希望　生き方　志の章
- ●思いやり　こころづかい　愛の章

「あの喜多川泰さん、清水克衛さんも推薦！」

「あるときは感動を、ある時は勇気を、
あるときは希望をくれるこの社説が、僕は大好きです。」作家　喜多川 泰

「本は心の栄養です。

この本で、心の栄養を保ち、元気にピンピンと過ごしましょう。」

本のソムリエ　読書普及協会理事長　清水 克衛

本体1200円＋税　四六判　200頁　ISBN978-4-341-08475-2　C0030

最新刊

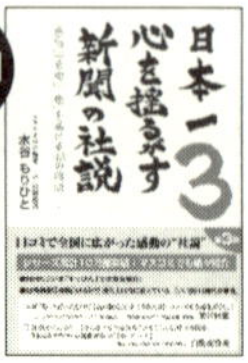

日本一　心を揺るがす新聞の社説3

みやざき中央新聞「魂の編集長」水谷もりひと

- ●生き方　心づかい　の章
- ●感動　感謝　の章
- ●志　希望　の章
- ●終　章

「スゴイ男に出会ったものだ。『魂の編集長』よ！ あなたは『日本一幸せな編集長』だ。」

元ホテルアソシア名古屋ターミナルホテル 総支配人／一般社団法人アソシア志友館 理事長　柴田秋雄

「『明日もがんばろう!』そんな幸せな気持ちにさせてくれる、珠玉の社説。日本にみやざき中央新聞があってよかったー！」

株式会社ことほぎ社長／博多の歴女　白駒妃登美

本体 1250円＋税　四六判　200頁　ISBN978-4-341-08638-1　C0030

好評 2刷！

魂の編集長“水谷もりひと”の講演を観る！

DVD付　日本一　心を揺るがす新聞の社説　ベストセレクション

書籍部分：
完全新作15編＋『日本一心を揺るがす新聞の社説1、2』より人気の話15編
DVD：水谷もりひとの講演映像60分
・内容『行動の着地点を持つ』『強運の人生に書き換える』
『脱「ばらばら漫画」の人生』『仕事着姿が一番かっこよかった』ほか

本体1800円＋税　A5判　DVD＋136頁　ISBN978-4-341-13220-0　C0030